新 キムタツの
東大英語
リスニング Basic

監修・執筆 木村達哉

アルク

JN083359

英語の超人になる！
アルク学参シリーズ

大学受験のために必死で勉強する、これは素晴らしい経験です。しかし、単に大学に合格さえすればよいのでしょうか？　現在の日本に必要なのは、世界中の人々とコミュニケーションを取り、国際規模で活躍できる人材です。総理大臣になってアメリカ大統領と英語で会談したり、ノーベル賞を受賞して英語で受賞スピーチを行ったり、そんなグローバルな「地球人」こそ求められているのです。アルクは、大学受験英語を超えた、地球規模で活躍できる人材育成のために、英語の学習参考書シリーズを刊行しています。

リスニングに自信をつけるための
アイデアをとことん盛り込みました！

木村達哉（KIMURA, Tatsuya）

　本シリーズの1冊目『灘高キムタツの東大英語リスニング』を2005年に作ったときには、「8000人しかいない東大の受験者向けに本を書いても徒労に終わるのではないか」という声がありました。ところが蓋を開けると、数多くの受験生が使ってくださり、東大生へのアンケートでは、「受験の時に役に立った本」として上位に挙がる1冊になりました。

　本書の旧版『キムタツの東大英語リスニングBASIC』は、高2の生徒が僕のブログに寄せてくれた「『東大英語リスニング』をやっても聞き取れない」というコメントに応えて作りました。リスニングに自信がない人でも、東大のリスニング問題に対応する力をつけられるように工夫した本です。今回の改訂では、最近の出題形式を反映したこと、アメリカ英語、イギリス英語、オーストラリア英語で音声を収録したことなどが大きな変更点です。現在の東京大学のリスニング問題により近いものに仕上がっていますので、最大限に活用して、英語力の礎を築いてほしいと思います。

　リスニング力を伸ばすためのコツがあるとすれば、それはトレーニングを繰り返すことです。問題を解いた後、スクリプトを読んで意味を確認し、音読をしたり、音声に合わせてオーバーラッピングやシャドーイングをしたりすることになります。具体的な方法や注意点は、本書や僕のYouTubeチャンネル「キムタツチャンネル」で説明していますので、参考にしてください。トレーニングを繰り返すことで、東大のリスニングで満点が取れるようになります。

　この本を手にした皆さんが、「リスニングには自信がある」という力強い言葉とともに大学の門をくぐられますことを、そして英語を駆使して世界で活躍されますことを、心から祈念しております。

動画もチェック！

木村先生の
さまざまな講義が聞ける
動画サイト
「キムタツチャンネル」
https://www.kimu-tatsu.com/youtube

「新 キムタツの東大英語
リスニング」シリーズの
読者の皆さんへの
メッセージ
https://youtu.be/d-94P3_0pxM

Contents

Chapter 3

Trial Tests
▶ 029-151

**入試本番の長さに慣れる
ための20のテスト**

コラムKimutatsu's Cafeにご登
場いただいた先生方の所属と肩書
は、2021年11月現在のものです。

本書の利用法

本書は **Chapter 1〜3** の3つの章から成っています。
順番に課題をこなし、リスニングの実力アップを目指しましょう。

Chapter 1

Strategies

東大入試の英語リスニング問題は、設問の難しさよりも「長さ」が最大の敵。ここでは、長い英語音声を聞いて正確に理解し、正解を導くためのストラテジー（戦略）を紹介します。日々の学習の指針となる内容ですから、学習を進める中で、いつでもこの章に戻って、繰り返し目を通してください。

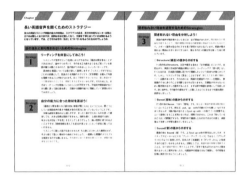

Chapter 2

Exercises

最大100語程度の短い英語音声を使い、内容理解を確認するための設問に挑戦するとともに、英語の音声の特徴をつかみ、聞き取れない理由を分析するためのディクテーションに取り組みます。答え合わせをするときには、特に、聞き取れなかった箇所について、その理由をじっくり追究し、音読その他のトレーニングを行いましょう。

Chapter **3**

Trial Tests

短めの音声を聞いて答える問題からスタートし、徐々に入試本番の長さの英語音声に慣れていくための実践練習です。本番のリスニング問題は（A）、（B）、（C）の3つのセクションに分かれていますが、本書では1つのテストにつき1セクションずつを解いていきます。問題を解き終わったら、できるだけ復習やディクテーションを行いましょう。

音声のダウンロードについて

本書の学習に使用する音声は、パソコンまたはスマートフォンでダウンロード可能です。

パソコンでダウンロードする場合

下記のウェブサイトから音声ファイル（MP3形式。zip圧縮済み）をダウンロードしてください。
アルク「ダウンロードセンター」
https://portal-dlc.alc.co.jp/
※商品コード（7021047）で検索してください。

スマートフォンでダウンロードする場合

学習用アプリ「英語学習booco」をインストールの上、ホーム画面下「さがす」の検索窓に
本書の商品コード7021047を入力し、音声ファイルをダウンロードしてください。
「英語学習booco」について
https://booco.page.link/4zHd

※ダウンロードセンター、英語学習boocoともに、サービスの内容は予告なく変更する場合があります。
あらかじめご了承ください。

本書で使用しているマーク

🎧 **01** 音声ファイル01に対応していることを表します。

🇺🇸 収録音声がアメリカ英語であることを表します。

🇬🇧 収録音声がイギリス英語であることを表します。

🇦🇺 収録音声がオーストラリア英語であることを表します。

東大英語リスニング問題の概要

東大入試のリスニング問題は、他大学の入試問題とどこが違うのでしょうか。ここでは東大入試二次試験のリスニング問題の概要と傾向、形式などをご紹介します。

 ## 試験時間

英語の試験時間120分のうち、約30分間放送される。大問が5つあるうちリスニング問題は3番目に当たり、放送開始も試験開始の45分後とちょうど中ごろに設定されている。放送が始まるまでの間はほかの問題を解くことになるが、リスニング問題の設問は問題用紙に掲載されておりいつでも目を通すことができる。設問に目を通しておくことで放送される音声の聞きやすさが大幅に変わってくるため、時間をうまく配分して必ず事前に読んでおいてほしい。例えば、試験開始直後の5分を設問を読む時間と決め、どんな内容が放送されるか、何を問われるかなど、できるだけ多くの情報を事前に確認しておきたい。放送内容のメモを取るにしても、問題を解くのに必要のない情報をメモするために重要な情報を聞き逃すようなことがあってはもったいないからだ。

 ## 放送文の内容

（A）、（B）、（C）の3つのセクションが設けられ、2人以上の人物による会話と、講義や説明などのモノローグの両方が、ほぼ毎年出題されている。会話は情報量の多いやりとりや、1人の発言が長く複雑なものも出題されるので注意しよう。モノローグのトピックは科学から芸術まで多岐にわたり、聞き慣れない語句が登場することも多いため、理解力と集中力が一層要求される。問題用紙に記載された指示文中の「これから放送するのは〜についての会話である」などの情報も、リスニングの際の大きなヒントになる。これまでのところ、（A）、（B）、（C）のそれぞれが2回ずつ放送されている。設問は放送文の流れに沿った順序になっていることがほとんどであるため、1回目は問題用紙の設問を目で追いながら放送を聞いて解き、その際に解答に自信のなかった問題について、2回目ではどの部分に集中して聞くべきかの目安を立てておくようにしたい。

■ 放送文の量

かなり長い音声を聞かなくてはならないのが東大リスニングの特徴である。(A)、(B)、(C) それぞれのセクションにつき、500語程度の英文が放送されると考えておけばよいだろう。ある程度の長さの英語音声に慣れるために、普段からリスニング対策書、海外のニュースやドラマ、インタビューなどの音声に触れておきたい。また英語を語順の通りに素早く理解する必要がある点はリーディングと同様であり、リーディング力をはじめ総合的な英語力の強化も欠かせない。語彙はリーディング問題に比べ平易だが、難解な語句やなじみのない固有名詞も登場することがある。しかし、これらを知らないと解くことができないわけではなく、放送文中で語句について説明されていたり、聞き取ることができなくても解答には影響しなかったりする場合が多い。

■ 設問の形式

ここ数年は、(A)、(B)、(C) の3セクションにつき、それぞれ5問の設問（放送内容についての質問、または放送内容についての文を完成させる問題）があり、それへの最も適切な答えを5つの選択肢から選ぶパターンが多い。いずれの場合も、放送文に出てきた語句を含むものを選べば正答できる問題もあれば、聞き取った数字を計算する必要があるなど多少のひねりが加えられた問題もあるため、正確な聞き取りに加え、理解力や思考力も要求される。設問と選択肢は基本的にすべて英文なので、それらを素早く読み、問われていることを正しく理解するリーディング力も、もちろん必要である。

Chapter 1

Strategies

東京大学の入試本番では、500語前後の放送文を3本、つまり、計1500語もの英語音声を聞き取り、設問に答えていかなくてはなりません。しかし、そうはいってもやみくもに過去問題を解き続けるだけでは、確実な実力アップは難しいでしょう。ここでは、練習問題を使って効率よく学習し、リスニングの実力を養成するためのストラテジー（戦略）を紹介します。

長い英語音声を聞くためのストラテジー

東大の英語リスニング問題の最大の特徴は、スクリプトの長さ。英文の内容もセンター試験と比べれば難しくなりますが、設問はさほど難しくなく、文脈を丁寧に追っていけば解けるようになっています。では、どうすればその「長さ」についていけるようになるのでしょうか。

話の流れに取り残されないためのStrategies

リーディングを得意にしておこう！

　リスニングが苦手だという生徒にありがちなのは、「最初は聞き取ることができるけれど、途中でつまずいて、そのまま立ち直れなくなる」「知っている単語が幾つか聞こえるけれど、話の筋がつかめない」といったパターンです。

　具体的な原因については後で詳しく説明しますが、「リスニングができる」ことの大前提として、放送される英語のスクリプト（文字原稿）を読んで内容を理解できることが挙げられます。読んで理解できないものは、仮に単語がすべて聞き取れたとしても、理解できるはずがないからです。そのためにも、まずはリーディングを得意にしておくことが不可欠です。不定詞や関係詞が出てきた際に戻って読む癖を直し、文頭から語順の通りに理解していく習慣を付けておきましょう。

自分の能力に合った教材を選ぼう！

　「最初だけ聞き取れる」「断片的に単語が聞こえる」ということは、聞こうとしている英語音声の長さや難度が自分の実力に合っていないということです。

　何事も練習を重ねれば上達しますが、まったく歯が立たないものを使って練習しても、大きな効果は期待できません。効率も悪く、上達を実感する前に、何よりも大切な「やる気」をなくしてしまうでしょう。高い理想を持つのはよいことですが、「最終目標は見えても足元が見えない」という状況に陥ってはいけません。

　リスニングに限った話ではありませんが、もし壁にぶつかったら無理をせず、今より短くて易しい素材から始めてみましょう。一度解いた問題のスクリプトを音読するのでも構いません。今の自分に合った教材を使うことが、学習の効率を上げるのです。

聞き取れない理由を分析しよう!

英語の音声が聞き取れないときには、必ず理由があります。聞き取れない理由を分析することで、1回の練習が何倍もの練習量に相当するものになるのです。スポーツ選手が自分のビデオを見て研究するのと似ています。英語が聞き取れない理由は大きく分けて3つあり、僕はその3つの頭文字を取って**3S**と呼んでいます。

①Structure(構造)の面から分析する

1つ目の**S**は**Structure**。文法や構文を含めた「文の構造」のことです。当然ながら、英語と日本語の構造は異なります。リーディングで「戻り訳」をしたくなるのは、日本語の語順に近づけて理解したいという気持ちが働くからです。しかし、リスニングでは「戻る」ことはできず、聞こえてきた順に理解していく必要があります。そのためには、英語の文構造のパターンを熟知し、無意識のうちに多くのことを判断しなければなりません。文構造が分からないために聞き取れなかった箇所があったら、まずは訳や解説を参考にして分析します。次に音声を、その部分の意味がすっと頭に入るようになるまで何度も聞き、音読もしましょう。

②Sense(意味)の面から分析する

2つ目の**S**は**Sense**、つまり「意味」です。知らない単語や表現は聞き取れないということです。例えば、put、up、withの3語はどれも難しいものではありませんが、3語が組み合わさったput up with ～の形で「～を我慢する」という意味になることを知らなければ、理解できません。これは「知っているかどうか」の問題ですから、学習の中で遭遇したものをできるだけ覚え、単語集などを使った学習も重ねていきましょう。

③Sound(音)の面から分析する

最後の**S**は **Sound**(音)です。上でput up withの例を出しましたが、ネイティブスピーカーはこれを「プット・アップ・ウィズ」ではなく、「プラッPウィδ」のように発音します。日本人が「水族館」を「すいぞっかん」と発音するのと似ているかもしれません。対策としては、英語の音の特徴を理解することと、音の連結や変化に慣れることです。「文字で見れば分かるけれど聞き取れなかった」箇所があったら、付属音声の発音をまねて音読し、その特徴を記憶に焼き付けるようにしましょう。

情報を正しくとらえながら聞くためのStrategies

必要な情報を待つ姿勢で臨む

　リスニングでは、すべての内容を理解できることが理想です。ただ、これは「すべての内容を覚えている」のとは別のことです。試験の場合は設問が用意されているので、設問を解くために必要な情報さえ記憶あるいはメモしておくことができれば十分です。だからこそ、「何を聞き取ればいいのか」をあらかじめ知っておくことで聞き取りの精度がぐっと上がるのです。本書の問題を解くときには、設問にじっくり目を通してから取り組むようにしてください。

余計な情報に惑わされない

　リスニング問題を解くに当たっては、複数の情報の中から必要な1つを選び出したり、選択肢などで与えられた情報が正しいか否かを判断したりする作業が必要になってきます。東大のリスニング問題にはそれほど意地悪な引っ掛けはないのですが、膨大な情報の中で「どの情報が何のために提示されているのか」を冷静に分析し、分類する作業をしないと、重要なポイントをとらえ損ね、誤答してしまうことになりかねません。また、聞いたことのないような単語や固有名詞が登場することもありますが、そういう場合も「その単語を知っていないと解けない問題」が出題されることはまずありません。単語や表現の難しさに圧倒されることなく、「きっと〜のことを言ってるんだろうな」くらいに開き直って聞く余裕を持ちましょう。

数字に強くなる

　細かいアドバイスになりますが、数字の聞き取りに強くなっておくことも大事です。センター試験と同様に、数字を聞き取る力は多かれ少なかれ必ず試されます。「100までの数」「thousand／million／billionを使った数の表現」のような基本的なものの聞き取りのほか、小数や分数、あるいは倍数表現、年号や日付といった頻出表現を押さえ、聞き取れるようにしておきましょう。例えば、通学中に目に留まった数字（自動車のナンバープレートなど）を頭の中でひたすら英語に置き換えていくような練習を重ねると、聞き取りにもかなり強くなります。東大のリスニングでは、複数の数字を聞き取って計算する必要がある問題も出題されることがあります。また、年号を世紀に置き換えて答えを選ぶような問題も出題されています。右ページの表を使って、「さまざまな数字の読み方」に慣れておきましょう。数字を見て、即座に自分でも英語で言えるようにしておくことが大切です。

聞き取りに注意が必要な数字の表現

	表記	読み方・意味	備考
基本的な数字	11	eleven	
	12	twelve	
	13	thirteen	
	30	thirty	
	100	one hundred	
	1,000	one thousand	thousandは「1000」
	1,000,000	one million	millionは「100万」
	1,000,000,000	one billion	billionは「10億」
	123,456,789	one hundred twenty-three million, four hundred fifty-six-thousand, seven hundred (and) eighty-nine	
小数、分数、倍数表現など	302.45	three hundred (and) two point four five	小数点はpointで表す
	$\frac{1}{2}$	one-half / a half	
	$\frac{1}{3}$	one-third / a third	
	$\frac{2}{3}$	two-thirds	
	$\frac{1}{4}$	one-quarter / a quarter	quarterはfourthに置き換え可
	$\frac{4}{10}$	four-tenths	
	$3\frac{2}{3}$	three and two-thirds	帯分数
	$\frac{359}{1,203}$	three hundred (and) fifty-nine over one thousand, two hundred (and) three	
	quarter	4分の1	
	half	半分	
	double / twice	2倍	
	triple / three times	3倍	
	dozen	12（の）	
そのほかの頻出表現	645	six forty-five	年号の読み方
	1503	fifteen oh three	
	2009	two thousand nine / twenty oh nine	
	2100	twenty one hundred	
	2111	twenty one eleven	
	the 16th century	the sixteenth century	
	May 12	May twelfth	米表記
	12th May	the twelfth of May	英表記
	10:13	ten thirteen	
	10:45	ten forty-five / a quarter to eleven	
	10:30	ten thirty / (a) half past ten	
	10:00 a.m.	ten a.m.	
	10 o'clock	ten o'clock	
	0 ℃	zero degrees Celsius/Centigrade	セ氏温度
	32 °F	thirty-two degrees Fahrenheit	カ氏温度

Chapter **2**

Exercises

本番形式の問題を解く前に、短い音声を使って「情報を正しく聞き取り」「英語らしい音声の特徴をつかむ」練習をしましょう。ディクテーションは、初めのうちはかなりハードですが、この練習にじっくり取り組むかどうかでその後の上達が大きく変わってきます。次のページをよく読んで指示の通りに練習すれば、必ずリスニング力がアップします。

Exercisesの使い方

▶問題を解き、ディクテーションを行う

1. それぞれのExerciseにつき、内容理解問題とディクテーションが用意されています。
　■まず設問に目を通し、「どんな情報を聞き取らなければならないか」を頭に入れましょう。ページ下部の語注にも目を通しておきます。
　■音声を聞いて問題を解きましょう。「🎧01」は、「ファイル番号01の音声を再生する」という意味です。該当するファイルの音声を2回聞き、内容理解問題を解きます。

2. ディクテーションは、概要だけでなく、細部まで正確に聞き取るために有効な練習です。取り組んだ後に聞き取れなかった理由を追究するためにも、「これ以上は無理」というところまで何度も聞くことをお勧めします。内容理解問題の解答を選んだら、音声を何度も聞いてディクテーションを完成させてください。

▶解答と解説を確認する

1. ページをめくって答え合わせをします（正解の選択肢が色文字で示されています）。内容理解問題については、間違いがあればその理由を突き止め、正解だった場合も確信がなければ解説を読んで正解の理由を確認しましょう。

2. ディクテーションについては、スクリプトと照合し、間違えてしまった箇所や聞き取れなかった箇所について、「なぜ聞き取れなかったのか」を追究しましょう。聞き取れなかった理由は、以下の3つのSに分けて考えると整理がしやすくなります。なお、解答と解説のページでは、3つのSについて特に注意すべき点を取り上げ、解説しています。
　■Structure（構造）：文の構造がつかめなかったために聞き取れなかった
　■Sense（意味）：単語や表現を知らなかったために聞き取れなかった
　■Sound（発音）：スクリプトを読めば分かるが、発音が聞き取れなかった

▶音読する

1. 聞き取れなかった理由を確認しても、単にそれを把握しただけでは不十分です。自分でも音声をまねて発音することによって、次に同じ表現に遭遇した際に聞き取りやすくなります。まずはスクリプトと訳を見て、分からない部分がなくなるまで読み込んでください。

2. 音声を聞いて発音を確認し、何度も音読しましょう。以下のすべてのトレーニングに毎回取り組む必要はありませんが、余裕があるときにはこのような練習をぜひ行うようにしましょう。
　■まずはスクリプトをしっかり音読しましょう。単に文字を追うだけでなく、聞き手を想定して、内容を伝えるつもりで読むと効果があります。
　■ファイルの音声と同じくらいの速さで読めるようになったら、音声を聞きながら、それにぴったり重ねて音読しましょう。これはオーバーラッピングと呼ばれる練習法です。お手本の発音と自分の発音とで違っている部分がはっきりしますので、その部分を修正していきます。
　■スクリプトを見ずに音声を聞きながら、聞こえた通りの内容を口に出していきましょう。音声より少しだけ遅れて再現していくことになります。これをシャドーイングと呼びます。かなり手ごわい練習ですが、リスニング力のアップに大きな効果があります。

1 音声を2回聞き、次の文を完成させるのに最も適切なものを1つ選びなさい。

The domestic car production of Family Motors next year will be ___ percent of this year's production.

a) 25
b) 45
c) 65
d) 75
e) 125

> 数字の聞き取り問題は、「正確に聞き取る」ことと「計算が必要かどうか判断する」ことがポイントだ。

2 音声を繰り返し聞いて、全文を書き取りなさい。

_____

_____

_____

_____

_____

_____

_____

_____

_____

_____

_____

_____

[語注]
anticipate：〜を予想する　inevitable：避けられない　swell：〜を増加させる

▶スクリプトと訳　 🎧 01

※設問の解答に関係する部分が色文字になっています。

① Now, more bad news from the automobile industry. ② As we reported several months ago, due to the economic situation, Family Motors saw a 30 percent drop in domestic sales last year. ③ Anticipating that consumers will continue to control their spending, Family Motors has just announced that it will cut auto production for the domestic market by 25 percent next year. ④ So many people are already out of work, and it seems inevitable that further job cuts in the auto industry will swell their numbers.

① さて、自動車産業からさらに悪いニュースです。 ② 数カ月前にお伝えした通り、経済状況が原因で、ファミリー・モーターズは昨年、国内での売上が30％減少する結果となりました。 ③ 消費者が引き続き出費を抑えることを見越して、ファミリー・モーターズは来年、国内市場における自動車の生産台数を25％削減することを発表しました。 ④ 多くの人々がすでに職を失っており、自動車産業におけるさらなる人員削減の増加は避けられないようです。

▶解答・解説

▌正解とその理由を確認しよう

※質問文中のキーワードと正解の選択肢が色文字になっています。

The domestic car production **of Family Motors** next year **will be ＿＿ percent of this year's production.**

（ファミリー・モーターズの来年の国内の自動車生産台数は、今年の生産台数の＿＿％になるだろう）

a) 25
b) 45
c) 65
d) 75
e) 125

解説 the domestic car production（国内の自動車生産）と next year（来年）に集中すれば、③のcut auto production for the domestic market ... next yearでピンと来るはずだ。25%「を」削減するというのだから、生産台数は100から25を引いた75%になる。

2 聞き取りのポイントをチェックしよう

Structure 構造　①名詞句だけで終わっている文だが、ニュースなどの出だしでは珍しくない。イントネーションも参考に、文の終わりを判断しよう。②文頭の As 節と due to ... で文が長くなっている。主節は Family Motors から始まっている。③Anticipating ...,の部分は分詞構文。

Sense 意味　②ここでの see は「〜を経験する」といった意味。③cut 〜 by 25 percent は「〜を25％分削減する」ということ。

Sound 発音　②長い文でも、節や句の切れ目には、音声でも区切りを示す抑揚がある。注意して聞こう。

020

1 音声を2回聞き、次の問いに対して最も適切な答えを1つ選びなさい。

Which of the following is NOT mentioned as a feature of the copy machine?

a) Fewer paper jams.
b) Compact size.
c) High speed.
d) Simplicity of use.
e) Modern technology.

NOT の入った設問を解く際は
消去法が基本。事前に選択
肢をよく見ておこう。選択肢
の順序に惑わされないように！

2 音声を繰り返し聞いて、全文を書き取りなさい。

_____

_____

_____

_____

_____

_____

_____

_____

_____

_____

_____

_____

[語注]
state-of-the-art：最先端の　**competitor**：競合業者　**vendor**：供給業者

▶スクリプトと訳　🎧 02

① Now let me tell you about our new copy machine, Flash V. ② This baby is state-of-the-art and nothing can compare to it. ③ It prints 250 copies a minute, 100 more than our competitor's latest model, **the Office VI.** ④ And no more paper jams. ⑤ With ultramodern and super-simplified parts thanks to new technological developments, paper jam headaches will be a thing of the past. ⑥ No more calls to copy machine vendors! ⑦ And, folks, remember getting confused by all of those buttons? ⑧ Well, our user-friendly model has just 12.

① さて、私たちの新しいコピー機「フラッシュ5」についてお話をさせてください。② この子は最先端であり、無敵です。③ 1分につき250枚、つまり競合業者の最新モデルである「オフィス6」よりも100枚多く印刷するのです。④ そして、もはや紙詰まりもありません。⑤ 新しい技術開発のおかげで超現代的で超単純化された部品を備えることができており、紙詰まりの悩みは過去のものとなるでしょう。⑥ コピー機業者に電話をすることは、もうなくなります! ⑦ そして、皆さん、たくさんのボタンに混乱した覚えはありませんか? ⑧ そう、私たちの使いやすいモデルは、たった12個のボタンしかないのです。

▶解答・解説

▌正解とその理由を確認しよう

Which of the following is NOT mentioned as a feature of the copy machine?
(このコピー機の特長として述べられていないのは、次のうちどれか)

a) Fewer paper jams.（紙詰まりの少なさ）
b) Compact size.（コンパクトなサイズ）
c) High speed.（スピードの速さ）
d) Simplicity of use.（使いやすさ）
e) Modern technology.（現代的な技術）

解説 スクリプトで色の付いた箇所が、b)以外の選択肢に相当する。選択肢を見ながら音声を聞き、登場したものを消していけばよいが、その際、選択肢における言い換えを素早く判断すること。また、こうした問題では、情報の登場順が音声と選択肢とで必ずしも一致するわけではないことにも注意。

2 聞き取りのポイントをチェックしよう

Structure 構造　①let me tell you は「あなた（方）にお話をさせてください」。④⑥キャッチコピーのような言い回しには動詞のない文もある。文の切れ目を見失わないように気を付けよう。⑦remember -ing? は「〜した経験がありませんか?（ありますよね）」という意味。

Sense 意味　⑤a thing of the past は「過去のもの」。つまり、「今後は悩む必要がない」ということ。

Sound 発音　⑤1文が長い場合は、節のまとまり、「前置詞＋名詞」のまとまりなどを丁寧にとらえていこう。音声も必ず語句のまとまりを意識した読み方になっている。

1 音声（Mikeと母親の会話）を2回聞き、次の問いに対して最も適切な答えを1つ選びなさい。

How much vanilla ice cream does Mike have to buy?

a) Four bags.

b) Four packs.

c) Two cups.

d) One carton.

e) A dozen.

大学入試にはあまり登場しない日常的な物の名前がたくさん出てくる。何度も聞いて書き取ろう！

2 音声を繰り返し聞いて、全文を書き取りなさい。

Mother: _____

Mike: _____

Mother: _____

_____

_____

_____

_____

_____

_____

Mike: _____

_____

[語注]
grocery：食料品　**lettuce**：レタス　**doughnut**：ドーナツ

▶スクリプトと訳　🎧 03　Mother 🇺🇸　Mike 🇺🇸

Mother: ① **Mike, have you left school yet?**

Mike: ② **Yes, Mom.** ③ **I'm now walking toward the station.**

Mother: ④ **Well, it would be great if you could pick up a few groceries on your way back.** ⑤ **We have some unexpected guests tonight.** ⑥ **Please pick up two heads of lettuce, four big bags of potato chips, a bottle of ketchup, two loaves of bread,** a carton of vanilla ice cream, **a bunch of bananas and a dozen doughnuts.**

Mike: ⑦ **Mom, hold on!** ⑧ **I've got to write this down.** ⑨ **Hey, how am I going to carry all that?** ⑩ **Are you there?**

母：① マイク、もう学校を出た？　マイク：② うん、出たよ、お母さん。　③ 今、駅に向かって歩いてる。　母：④ あのね、帰り道に少し食品を買ってきてもらえると助かるんだけど。　⑤ 今夜、予定していなかったお客さんたちがうちに来るのよ。　⑥ レタスを2つ、ポテトチップの大袋を4つ、ケチャップを1瓶、パンを2つ、バニラアイスを1カートン、バナナを1房買って、それからドーナツ12個もね。　マイク：⑦ お母さん、ちょっと待って!　⑧ これ、書いとかないと。　⑨ ねえ、どうやってそれだけのものを運ぶの?　⑩ 聞こえてる?

▶解答・解説

▎正解とその理由を確認しよう

How much vanilla ice cream **does Mike have to buy?**

（マイクはどれだけのバニラアイスを買わなくてはならないか）

a) Four bags. （4袋）

b) Four packs. （4パック）

c) Two cups. （2カップ）

d) One carton. （1カートン）

e) A dozen. （1ダース）

> **解説** 母親の⑥の依頼に「数字＋単位＋of＋物の名前」というパターンが繰り返されていることをとらえ、vanilla ice creamの直前を聞き取るつもりで待ち構えよう。

2 聞き取りのポイントをチェックしよう

Structure 構造	⑨be going to do を使って、ここでは「いったいどうやって（そんなに多くのものを）運ぶというのか」と文句を言っている。
Sense 意味	⑥ 物の数を数えるときの言葉を知っておこう。head はレタスやキャベツなど塊になっている野菜、loaf（複数形は loaves）はパンやケーキの塊、carton は容器に入れられたもの、bunch は束や房になっているものを数えるときに用いる。
Sound 発音	⑥of のような前置詞は前後の語と連結して聞こえにくくなりやすい。ここでは同じパターンの言い回しが続くので比較的つかみやすいが、音のつながり方を押さえておこう。

1 音声（MegとKenの会話）を2回聞き、次の文を完成させるのに最も適切なものを1つ選びなさい。

Meg says Tetsu might have decided not to join the trip because

a) he did not want to leave Japan.

b) he might have to do too much translating.

c) he cannot speak English.

d) he does not like the U.S.

e) he was busy with his schoolwork.

ディクテーションをするときは「これ以上は無理」というところまで、何度も繰り返し聞こう。

2 音声を繰り返し聞いて、全文を書き取りなさい。

Meg: _____

_____

Ken: _____

_____

Meg: _____

_____

Ken: _____

_____

_____

Meg: _____

_____

Ken: _____

_____

Meg: _____

［語注］
translate：～を翻訳する　**end up** ～：結局～になる

▶スクリプトと訳　🎧 04　Meg 🇺🇸　Ken 🇺🇸

Meg: ① So, Ken, tell me about your trip to the U.S. ② Did you enjoy it?

Ken: ③ Well, Tetsu changed his mind about going. ④ So I went with Taro.

Meg: ⑤ With Taro? ⑥ I wonder why Tetsu decided not to go.

Ken: ⑦ I don't know. ⑧ But Taro wouldn't leave my side and never tried to speak any English. ⑨ He expected me to translate everything!

Meg: ⑩ But wasn't the plan to go there to study English?

Ken: ⑪ That's right. ⑫ So, I guess I did end up getting a lot of practice! ⑬ That was good.

Meg: ⑭ Maybe Tetsu thought he would end up translating for you and that's why he didn't want to go!

メグ：① ねえ、ケン、アメリカ旅行のことを話してよ。② 楽しかった？　ケン：③ ええと、テツが行く気を変えてね。④ だからタロウと行ったんだ。　メグ：⑤ タロウと？⑥ どうしてテツは行かないことにしたのかしら。　ケン：⑦ 分からない。⑧ でもタロウは僕のそばから離れようとしなくて、全然英語を話そうとしなかった。⑨ 僕が何もかも訳してくれると思ってたんだよ！　メグ：⑩ でも、英語を勉強するための旅行計画だったんじゃないの？　ケン：⑪ そうだよ。⑫ だから、僕自身は結果としてたくさん練習できたと思うね！⑬ その点はよかった。　メグ：⑭ テツは、あなたのために訳す羽目になりそうだと思ったから、行きたくなかったのかもね！

▶解答・解説

▌正解とその理由を確認しよう

Meg says Tetsu might have decided not to join the trip because

（メグが言うには、テツが旅行に参加しないことにしたのは＿＿＿からかもしれない）

a) he did not want to leave Japan. （日本を離れたくなかった）

b) he might have to do too much translating. （あまりに多くのことを訳さなくてはいけない可能性があった）

c) he cannot speak English. （英語が話せない）

d) he does not like the U.S. （アメリカが好きではない）

e) he was busy with his schoolwork. （学業が忙しかった）

解説 ⑥でメグが「どうしてテツは行かないことにしたのか」と言っている部分の続きを整理しながら聞こう。ケンは⑧以降で、タロウに何でも訳すよう頼まれたことについての愚痴を言っている。それを受けたメグの発言⑭から、b) が選べる。

2 聞き取りのポイントをチェックしよう

Structure 構造　⑩the plan to go there の部分が文の主語に当たる。⑫did は直後の end up を強調している。

Sense 意味　③change one's mind は「気が変わる」という意味。⑫⑭end up -ing は「結局は〜することになる」。メグはケンと同じ言葉を使って締めくくっている。

Sound 発音　②enjoy it は一続きに発音されている。⑧⑭ 助動詞の過去形や not を使った短縮形は短く発音されることも多いので注意が必要。

05 109 words / 🎧 05

1 音声を2回聞き、次の文を完成させるのに最も適切なものを1つ選びなさい。

The speaker wonders if younger people will be able to

a) gain as much knowledge as previous generations.

b) appreciate getting a college education.

c) receive higher education today.

d) earn enough money to go to college.

e) support a large family.

> 話者の主張が明確に展開されている。具体例が何のために挙げられているかも考えよう。

2 音声を繰り返し聞いて、全文を書き取りなさい。

_____

_____

_____

_____

_____

_____

_____

_____

_____

_____

_____

_____

[語注]
baby boomer：ベビーブームに生まれた人　**tuition**：授業料　**scholarship**：奨学金

▶スクリプトと訳　　

① Times have changed, and we can only wonder whether they've changed for the better or for the worse. ② The baby boomers grew up at a time when they had to work hard to pay for their own college education. ③ Many worked part-time and throughout the summer just to save enough money to pay for tuition and books — especially those who were raised in large families with little extra cash. ④ Nowadays, however, because of smaller families and the ease of getting school loans and scholarships, many young people find it economically easier to acquire a higher education. ⑤ But do they value that experience as much as the baby boomers did?

①時代は変わりましたが、私たちには何がよくなり、何が悪くなったのか見当も付けられません。②ベビーブーム世代は、一生懸命働いて自らの大学の学費を払わなくてはいけないような時代に育ちました。③多くの人は、ただ授業料や本の代金を払うのに必要なお金を蓄える目的で、パートタイムや夏中の仕事をしました ―― 特に、お金がほとんどない大家族で育てられた人々は。④しかし、今日では、家族はより小規模になり、学費のローンや奨学金を得やすくなったため、多くの若者にとって、高い教育を受けるのは経済的により容易になっています。⑤とはいえ、彼らはベビーブーム世代の人々が感じたのと同じように、その経験のありがたみを感じることができるのでしょうか?

▶解答・解説

┃ 正解とその理由を確認しよう

The speaker wonders if younger people will be able to
（話者は、若者たちが＿＿＿ことができるだろうかと思っている）

a) gain as much knowledge as previous generations. (前世代の人々と同じように豊富な知識を得る)

b) appreciate getting a college education. (大学教育を受けるのをありがたく思う)

c) receive higher education today. (今日の高い教育を受ける)

d) earn enough money to go to college. (大学へ行くための十分な資金を稼ぐ)

e) support a large family. (大家族を支える)

解説 最後の⑤の文がポイント。value that experience とは「その経験の価値を見極める」。ここでの「経験」とは前の④の文に出てきた「高い教育を受けること」。b) ではvalueをappreciateで言い換えている。

2 聞き取りのポイントをチェックしよう

　③Many が主語。part-time（パートタイムで）と throughout the summer（夏を通して）がともに worked を修飾している。

　①for the better/worse で「よい／悪い方向に（変わる）」。④ease of getting ～は「～を入手しやすいこと」。

　①②完了の have や had は短く発音されることが多く、聞き取りにくいので、文脈から判断する必要がある。②had to は「ハットゥー」のようにつなげて発音される。

Chapter **3**

Trial Tests

ここからは、徐々に本番の形式に慣れていく練習をしましょう。初めのうちはスクリプトも短く、トピックも簡単なものばかりですが、次第に難しくなっていきます。それでもやはり、ポイントは「大事な情報を正確につかむこと」。未知の固有名詞や学術用語に惑わされず、文脈をとらえていくことに集中すれば、きっと正解を導くことができます。

Trial Testsの使い方

▶ 問題→解答と解説→音読

1. ここからは、本試験に近い形式の問題を解いていきます。徐々に音声が長くなり、設問数も多くなっていきます。取り組み方はExercisesと同様です。以下の手順で進めましょう。
   - ■音声ファイルの先頭で一時停止しておきます。
   - ■音声を聞く前に2分間、設問に目を通してください。前半のテストには語注も付いています。質問文と選択肢を見ながら、テーマは何なのか、どんなことが問われるのかを確認します。
   - ■2分たったら、音声を再生させて問題を解きます。再生が終わったら、もう一度音声ファイルの先頭で一時停止させます。この状態で選択肢を選びます。
   - ■3分ほどたったら音声を再生させて、もう一度聞きましょう。再生が終わったら音声を止めて解答を確定させます。

2. 問題を解いた後の学習の流れはExercisesと同じです。以下のことを念頭に置いて取り組んでください。
   - ■Trial Testsにはディクテーションの課題がありませんが、ディクテーションを行った方が効果は大きくなります。
   - ■ディクテーションを行わない場合も、すぐに解答と解説を見るのではなく、音声を繰り返し聞いて、自分の解答が正しいかどうかを確認するようにしましょう。何度も聞いているうちに、理解できる部分が広がっていくはずです。

     ※解答と解説のページでは、正解の選択肢が色文字で示されています。
   - ■音読の練習法はExercisesと同じです。まずはスクリプトをしっかり音読しましょう。聞き手を想定して、内容を伝えるつもりで読むようにします。慣れてきたらオーバーラッピングに取り組み、最後の仕上げにシャドーイングを行います。

これから放送するのはラジオの天気予報である。これを聞き、(1)〜(3)の文を完成させるのにそれぞれ最も適切なものを1つ選べ。放送を聞く前に以下の語注と設問に目を通しておくこと。 ※語注は登場順になっています。横方向（→）に読んでください。

thunderstorm：雷雨 (/θʌ́ndərstɔ̀ːrm/ **θ**ァンダーSトーM)	drizzle：霧雨 (/drízl/ D**リ**ZL)
fog：霧 (/fɔ́ːg/ **フォ**ーG)	partially：部分的に (/pɑ́ːrʃəli/ **パ**ーシャリ)
front：前線 (/frʌ́nt/ F**ラ**ンT)	province：州 (/prɑ́vins/ P**ラ**ヴィンS)

(1) The weather in Saint John later in the afternoon should be

    a) clear in all areas.

    b) bad in every region.

    c) mostly foggy.

    d) partially sunny.

    e) cold and rainy.

(2) The high temperature for Moncton this afternoon is expected to be around

    a) 12 degrees.

    b) 16 degrees.

    c) 18 degrees.

    d) 24 degrees.

    e) 26 degrees.

(3) The temperature in Fredericton in the evening should be

    a) 8 degrees.

    b) 12 degrees.

    c) 16 degrees.

    d) 18 degrees.

    e) 24 degrees.

天気予報は細かい情報がたくさん出てくる。事前に設問を読んで、地名と、必要になる情報を特定しておこう。

▶スクリプト　 06

※設問の解答に関係する部分が色文字になっています。

① Good morning! ② This is CLN's weather report for Tuesday the 26th. ③ I'm Julie Kline. ④ Well, last night's thunderstorms calmed down overnight, but you can still expect some drizzle in the (1)Saint John area for most of the morning. ⑤ Authorities are reporting slippery road conditions and fog along the oceanfront roads, so be careful during your commute to work. ⑥ (1)The rain should give way to partially sunny skies later in the afternoon.

⑦ The weather in Moncton is looking quite similar, with rain expected to continue into the mid-afternoon and cloudy skies in the evening. ⑧ (2)High temperatures for both Saint John and Moncton are expected to be around 24 degrees this afternoon.

⑨ In Fredericton, a high-pressure front has been keeping skies clear and the air cool for the last couple of days, and that's expected to continue all the way into tomorrow. ⑩ The high in Fredericton should reach 18 degrees today.

⑪ (3)This evening, however, things are expected to cool off quite a bit across the province, as that cold front moves down and east. ⑫ (3)Temperatures should drop to around 12 degrees in Saint John and Moncton, and as low as (3)8 degrees in Fredericton, and if you're up north in Bathurst, there's a good chance you're going to see the first snow of the year in the late evening or early morning tomorrow. ⑬ Please watch out, because the roads might be icy.

④calm down：静まる　overnight：一夜のうちに　⑤authority：当局　slippery：よく滑る　oceanfront：海に面した　commute：通勤、通学　⑥give way to ～：～に移行する　⑨high-pressure：高気圧の　⑩high：最高気温　⑪quite a bit：相当に　cold front：寒冷前線　⑬icy：氷で覆われた

▶解答・解説

※質問文中のキーワードと正解の選択肢が色文字になっています。

(1) The weather in Saint John later in the afternoon should be

（セント・ジョンの午後遅くの気温は＿＿だろう）

a) clear in all areas.（全域で晴れ）

b) bad in every region.（どの地域も悪い）

c) mostly foggy.（おおかた霧に包まれる）

d) partially sunny.（一部で晴れ）

e) cold and rainy.（寒くて雨模様）

解説 ④の Saint John を聞き逃さないようにしよう。⑤では悪天候が伝えられているが、その後⑥で「午後遅くには雨がやんで一部では晴れる」と言われている。

(2) The high temperature **for** Moncton this afternoon **is expected to be around**

（モンクトンの今日午後の最高気温は、＿＿前後の見通しである）

    a) 12 degrees.（12度）
    b) 16 degrees.（16度）
    c) 18 degrees.（18度）
    d) 24 degrees.（24度）
    e) 26 degrees.（26度）

解説 ⑧の High temperatures for both Saint John and Moncton が聞こえてきた時点で、数字を待ち構えよう。桁も少ないので、確実に聞き取りたい。

(3) The temperature **in** Fredericton in the evening **should be**

（フレデリクトンの夜の気温は＿＿だろう）

    a) 8 degrees.（8度）
    b) 12 degrees.（12度）
    c) 16 degrees.（16度）
    d) 18 degrees.（18度）
    e) 24 degrees.（24度）

解説 Fredericton という地名は ⑨ から登場するが、答えに当たる部分は ⑫ に出てくる。d)の「18度」は、⑩ で伝えられている「最高気温」なので、惑わされないように。⑪ の冒頭の This evening が聞こえてきたら神経を集中させよう。続く ⑫ の部分の Temperatures should drop to ... 8 degrees in Fredericton が聞き取れれば a)を選べる。

聞き取りのポイントをチェックしよう

Structure 構造　②曜日と日付は、Tuesday the 26th のように、「曜日→日付」の順序で言われる。日本語と逆の順になる。⑦ここでの look は、後ろに形容詞が来ていることから「～のようだ」の意味だと分かる。⑩high は通常は形容詞だが、文の主語に使われていることから名詞だと分かる。⑪ 後半の as は「～につれて」を表す。

Sense 意味　⑥give way to ～のもともとの意味は「～に道を譲る」。ここでは雨がやんで晴れ間が見える天気に変わっていくことを意味している。⑪bit は「少量」を表すが、quite a bit の形で「かなりの」というほぼ逆の意味になることに注意。⑫as low as ～は直訳すると「～と同じくらい低く」。ここではフレデリクトンの気温の低さを強調している。

Sound 発音　⑫Temperatures となっているのは Saint John と Moncton の2カ所の気温について述べているため。ディクテーションをするときは、こうした名詞の複数形の s を落としたり、あるいは三単現の s を落としたりしやすいが、この場合のように、文脈を押さえるようにすると、正確な聞き取りができるようになる。

▶訳

①おはようございます！②26日火曜日の CLN 天気予報です。③ジュリー・クラインがお伝えします。④さて、昨夜の雷雨は夜のうちに収まりましたが、セント・ジョン周辺では午前中はおおかた、引き続き霧雨となるでしょう。⑤気象局は、海に面した道路沿いでは路面が滑りやすい状態となり霧も出ると報じていますので、通勤の際はお気を付けください。⑥午後遅くには雨はやみ、一部で晴れ間も出るでしょう。

⑦モンクトンの天気もかなり似たものになるでしょう。雨は午後を半ば過ぎる頃まで続き、夜には曇りとなる見通しです。⑧セント・ジョンおよびモンクトンではいずれも、午後に最高気温が24度前後となりそうです。

⑨フレデリクトンでは、この2、3日、高気圧前線によって晴天が続き、空気が冷えていましたが、この状態が明日までずっと続く見通しです。⑩フレデリクトンの今日の最高気温は、18度に達するでしょう。

⑪しかし、今晩、寒冷前線が東の方向に下がり、州全体で気温が相当下がる見込みです。⑫セント・ジョンおよびモンクトンでの気温は12度前後まで、フレデリクトンでは8度という低さにまで急激に下がり、また、バサーストの北部にいらっしゃる方は、かなりの確率で、今夜遅くまたは明日の朝早くに今年最初の雪をご覧になるでしょう。⑬路面が凍結するかもしれませんので、どうかお気を付けください。

Comment from Kimutatsu

たくさんの情報から必要なものだけをより分ける練習として、天気予報を選んだ。伝えられる内容が日本語の天気予報と大きく変わるわけではないから、「どこの何について話しているのか」を素早くとらえれば理解できる。天気予報の定型表現に強くなるためにも、今回のスクリプトは何度も繰り返し音読してほしい。数字の聞き取りにもきっと強くなれるよ！

これから放送するのは、観光地でのガイドの説明である。これを聞き、(1)～(3)の問いに対して、それぞれ最も適切な答えを1つ選べ。放送を聞く前に以下の語注と設問に目を通しておくこと。

treasury：宝物殿（/tréʒəri/ T**レ**ジャリ）	carve：～を彫る（/kάːrv/ **カ**ーV）
sandstone：砂岩（/sǽndstòun/ **サ**ンDSトゥン）	cliff：崖（/klíf/ K**リ**F）
thriving：繁栄している（/θráiviŋ/ θ**ライ**ヴィンG）	conquer：～を征服する（/kάŋkər/ **カ**ンGカー）

(1) Which of the following is NOT mentioned about this historical site?

a) More than two-thirds is still unknown to us.

b) Many tourists visit from the Middle East.

c) Its irrigation systems can still be found in other places.

d) One of its most famous structures was built into a cliff.

e) The purpose of the Treasury remains a mystery.

(2) How long was Petra a center for trade in the Nabataean empire?

a) For almost 100 years.

b) For 100 to 400 years.

c) For about 300 years.

d) For nearly 400 years.

e) For more than 500 years.

(3) Which of the following would be the best title for the talk?

a) The Society of the Nabataeans

b) The Mysterious City of Petra

c) The Passion of Archeologists

d) Inside the Movie

e) The Genius of the Ancients

なじみのない固有名詞がたくさん出てくるけれど、惑わされずに「必要な情報」を押さえれば、きっと正解できるよ！

▶スクリプト 🎧 07 🇺🇸

① OK, everyone. ② This is the main highlight of this tour. ③ This breathtaking structure before you is the Treasury, or Al Khazneh as it is called locally, and it is likely one of the most famous of Petra's features. ④ As you can see, ⁽¹⁾the Treasury's facade has been carved directly into the red, white and pink sandstone cliff. ⑤ It is not only famous here in Jordan but internationally — many of you may have seen it featured in the action movie *Indiana Jones and the Last Crusade*. ⑥ But I guess you will find that the inside of the Treasury is a little less dramatic than in the movie. ⑦ ⁽¹⁾The structure's original function is still unclear.

⑧ ⁽²⁾Between 400 B.C. and A.D. 106, Petra was a thriving center for trade in the Nabataean empire. ⑨ The Nabataeans were considered a highly advanced society, and before they were conquered by the Romans, they traded with most of what is now known as the Middle East. ⑩ They also developed a complex network for capturing, storing and transporting water. ⑪ ⁽¹⁾Their irrigation systems can still be found throughout the region.

⑫ But there is still a lot that we do not know about their culture. ⑬ What you see here is only about 15 percent of the city. ⑭ And ⁽¹⁾the remaining 85 percent is still hidden from us, waiting to be uncovered. ⑮ Hopefully, as archeologists continue to work, they will shine a brighter light on Petra's distant past.

③ breathtaking：息をのむような　④ facade：(建物の) 正面　⑤ Jordan：ヨルダン　⑨ advanced：先進的な　⑩ capture：〜を捕まえる　store：〜を蓄える　transport：〜を輸送する　⑪ irrigation：水利、灌漑　⑮ archeologist：考古学者

▶解答・解説

(1) Which of the following is NOT mentioned about this historical site?
(この歴史的な場所について述べられていないものは次のうちどれか)

a) More than two-thirds is still unknown to us.
(3分の2を超える部分が、私たちにとって未知である)

b) Many tourists visit from the Middle East. (中東からたくさんの観光客が訪れる)

c) Its irrigation systems can still be found in other places.
(それの水利システムは、今でもほかの場所で見られる)

d) One of its most famous structures was built into a cliff.
(最も有名な建造物の1つは、崖に造られた)

e) The purpose of the Treasury remains a mystery. (宝物殿の目的は謎のままである)

解説 全体を聞き取って答えを選ぶ必要があるため、1回聞くだけでは判断しにくいかもしれない。d)、e)、c)、a) は、それぞれ ④、⑦、⑪、⑭ で言及されているが、b) についてはどこにも触れられていない。

(2) How long was Petra a center for trade in the Nabataean empire?

（ペトラはどのくらいの期間、ナバテア帝国における貿易の中心地だったか）

a) For almost 100 years. （ほぼ100年の間）

b) For 100 to 400 years. （100〜400年の間）

c) For about 300 years. （約300年の間）

d) For nearly 400 years. （400年近い間）

e) For more than 500 years. （500年超の間）

解説 ⑧ で Between 400 B.C. and A.D. 106（紀元前400年から紀元106年にかけて）と言われているので、期間としては500年を超える間だと分かる。

(3) Which of the following would be the best title for the talk?

（この話に最も適したタイトルは、次のうちどれか）

a) The Society of the Nabataeans （ナバテア人の社会）

b) The Mysterious City of Petra （神秘の都市ペトラ）

c) The Passion of Archeologists （考古学者たちの情熱）

d) Inside the Movie （その映画の内側）

e) The Genius of the Ancients （古代人たちの類いまれな才能）

解説 全体を理解しないと解答できないが、（1）を解くために集中して聞いていれば、この話の趣旨はつかむことができるだろう。大まかには、「話の導入としての史跡の概要」「その都市に住んでいた人々の説明」「その都市の研究のこれまでと今後」の3つに分けることができる。選択肢の中で、b) 以外はすべて話の細部に関わることなので、タイトルとしては適切でない。

聞き取りのポイントをチェックしよう

Structure 構造
③ ここでの or は「つまり」を表す用法で、Treasury を現地での呼び方で言い換えたもの。⑤ not only A but B（A だけでなく B も）の表現が使われている。⑨ 文全体を and で2つに分けて考えよう。and 以下の部分には、さらに before の節が含まれている。

Sense 意味
④ as you can see は「ご覧の通り」。ガイドがツアー客などの前で話している状況が推測できる。⑮ hopefully は今後のことについて「願わくは」と期待するような場合に用いる。

Sound 発音
全体的に、長い文が多く含まれている。節や挿入句、ダッシュなど、スクリプトで区切れが認識できる箇所は、音声でもそれなりの「間」が置かれ、「まとまり」を意識できるはず。また、③ の it is や ④ の has been などのように、弱く素早く発音されている箇所もところどころにある。音声を何度も聞いて慣れておこう。

▶訳

①はい、皆さん。②これは、このツアーの目玉です。③皆さんの目の前にある、この息をのむような建造物は「宝物殿」、現地では「エル・ハズネ」と呼ばれ、ペトラの名所の中でおそらく最も有名なものの1つでしょう。④ご覧の通り、宝物殿の正面は直接、赤、白、ピンクの砂岩の崖に彫られています。⑤これは、ここヨルダン国内だけでなく、国際的にも有名です——多くの皆さんは、これがアクション映画『インディ・ジョーンズ／最後の聖戦』で大きく取り上げられていたのをご覧になったことがあるでしょう。⑥でも、宝物殿の内部は、映画に比べると少々ドラマチックさに欠けると思われるかもしれませんね。⑦この建造物の本来の機能は、今なお明らかになっていません。

⑧紀元前400年から紀元106年にかけて、ペトラはナバテア帝国における繁栄した貿易の中心地でした。⑨ナバテアは非常に進んだ社会だったと考えられていて、ローマに征服される以前の彼らは、現在中東として知られる地域のほとんどを貿易相手としていました。⑩彼らはまた、水を入手し、保存し、運搬する複雑なネットワークを発展させていました。⑪彼らの水利システムは今でもこの地域の至る所で見ることができます。

⑫ところが、彼らの文化についてはまだ分かっていないことがたくさんあります。⑬ここで皆さんが目にするのは、都市の15％ほどにすぎません。⑭そして残りの85％は隠されたままで、発見されるのを待っています。⑮うまくいけば、考古学者たちが作業を続けていくにつれ、ペトラの遠い過去にさらに明るい光を当ててくれることでしょう。

Comment from Kimutatsu

歴史が好きな人はここに登場する固有名詞を知っているかもしれない。とはいえ、それらは基本的に、この問題を解くにあたって「知らなくても問題ない」固有名詞。また、3問目のような「タイトル」の問題はあまり出題されたことがないけれど、こんな問題にも対応できるような力を付けておいてほしい。「全体」を聞くスキルがあれば正解を導けるはず。

これから放送するのは、Holly の留守番電話に残されたメッセージである。これを聞き、(1)
～(3)の問いに対して、それぞれ最も適切な答えを1つ選べ。放送を聞く前に以下の語
注と設問に目を通しておくこと。

contact：～に連絡する（/kántækt/ **カ**ン**タ**KT）	going-away party：送別会
on the same page：同じ考えで	off：誤った（/ɔ́ːf/ **オ**ーF）
buzz：～をブザーで呼ぶ（/bʌ́z/ **バ**Z）	parking：駐車場所（/páːrkiŋ/ **パ**ーキンG）

(1) Where is the party going to be held?

　　a) At Kate's restaurant.
　　b) At David's apartment.
　　c) At Sarah's house.
　　d) At Holly's store.
　　e) At a cafe in a theater.

(2) Where are the guests supposed to park their cars?

　　a) In the apartment building.
　　b) In a two-story parking garage.
　　c) At an old theater.
　　d) At the back of the parking lot.
　　e) On Hunting Street.

(3) Holly is NOT asked to

　　a) email everyone to let them know the time and place.
　　b) call David back when she hears the message.
　　c) call Kate to find out whether she can come.
　　d) contact Sarah to make sure when everyone is to come.
　　e) call David if the number of attendees is wrong.

選択肢から、人名が複数
出てくると推測できる。聞く
前に、選択肢に登場してい
る人名を頭に入れておこう。

039

▶スクリプト　🎧 08　🇺🇸

① Hi, Holly, it's David. ② It's 6 o'clock. ③ I was hoping to catch you in, but I guess I'm out of luck. ④ Anyway, since you've been contacting people about Sarah's going-away party, I just want to make sure that everyone is on the same page.

⑤ As I understand it, there should be about 26 people altogether. ⑥ Is that correct? ⑦ ⑶Can you call me and let me know if my numbers are off? ⑧ Also, ⑶Kate Riley told me during lunch that she might not be able to come. ⑨ She said she was going to be out of town to attend her brother's wedding this weekend and wasn't sure she'd be able to make it. ⑩ ⑶Can you give her a call and find out for certain? ⑪ Thanks.

⑫ Then, ⑶would you mind sending out an email to everyone? ⑬ Make sure they know that we're starting at 7 p.m. ⑴at my place. ⑭ The address is 142 ⑵Hunting Street, apartment number 510. ⑮ They'll have to buzz me to get in. ⑯ The building is right across from the old theater, and ⑵there's parking on the street. ⑰ They might have to park a little far away, though. ⑱ The parking lot is very small, and it isn't easy to find a spot. ⑲ If people want to bring drinks, that's fine, but there will be wine for everyone, and I've got plenty of food already.

⑳ ⑶Give me a ring when you get this. ㉑ I'll be home all night tonight. ㉒ Thanks.

③catch ~ in：~に連絡がつく　out of luck：運が悪くて　⑨out of town：町を離れて　make it：間に合う、何とか都合をつける

▶解答・解説

(1) Where is the party going to be held?
（パーティーはどこで開かれる予定か）

a) At Kate's restaurant. （ケイトのレストランで）
b) At David's apartment. （デービッドのアパートで）
c) At Sarah's house. （サラの家で）
d) At Holly's store （ホリーの店で）
e) At a cafe in a theater. （劇場のカフェで）

解説 パーティーの開催場所は ⑬ で話されている。ここでは party という語は使われていないが、we're starting の部分から判断しよう。at my place と言っているのだから、話者のデービッドの住居で行われることが分かり、⑭ でアパートだということも判明する。

(2) Where are the guests supposed to park their cars?

（客はどこに駐車することになっているか）

a) In the apartment building. （アパートの建物の中に）
b) In a two-story parking garage. （2階建ての駐車施設に）
c) At an old theater. （古い劇場に）
d) At the back of the parking lot. （駐車場の裏手に）
e) On Hunting Street. （ハンティング・ストリート沿いに）

解説 ⑭ からデービッドが Hunting Street に住んでいることが分かり、⑯ の後半で there's parking on the street と言っているので、これらを組み合わせれば答えが分かる。離れた箇所に登場する情報を統合する必要があるが、1回目の放送で解答のカギとなる箇所を判断し、2回目で確実に聞き取ろう。

(3) Holly is NOT asked to

（ホリーは、＿＿＿ことは頼まれていない）

a) email everyone to let them know the time and place.

（みんなにメールを送って時間と場所を知らせる）

b) call David back when she hears the message.

（メッセージを聞いたらデービッドに折り返し電話をする）

c) call Kate to find out whether she can come.

（ケイトに電話をして彼女が来られるかどうかを確かめる）

d) contact Sarah to make sure when everyone is to come.

（サラに連絡を取って、みんながいつ来ることになっているかを確認する）

e) call David if the number of attendees is wrong.

（参加者の数が間違っていたらデービッドに電話をする）

解説 長い選択肢が並ぶ問題は、「問題＋選択肢」を事前に読み取っておこう。⑦ 以降にデービッドからのさまざまな依頼が出てくるので、聞こえてきたものから選択肢に印を付けて除外する。サラは ④ に送別の対象として登場するだけで、d）のようなことは言われていない。

聞き取りのポイントをチェックしよう

Structure 構造

④ ここでの since は「理由」を表す。⑨ She said に続く節の中の動詞が、時制の一致により過去形になっている。

Sense 意味

⑩ give ～ a call で「～に電話する」。⑳ の give ～ a ring も同じ意味。⑳ get this は、「この留守番電話のメッセージを聞く」という意味。

Sound 発音

③ I'm out of luck は素早くつなげて発音されている。④ you've の「've」など、完了形の短縮形における助動詞の部分は軽く発音されることが多く、聞き取りにくい。ディクテーション練習を繰り返す中で、文脈を頼りに聞き取れるようになろう。⑬ we're は「ワー」くらいにしか聞こえない。意味や文法面から何と言われているか瞬間的に判断できれば理想的だが、この場合は starting さえ聞き取れればほぼ理解できるだろう。

▶訳

① やあホリー、デービッドだよ。② 今は6時。③ 君に連絡が取れればいいなと思ったんだけど、ツイてないみたいだね。④ とにかく、サラの送別会について、君がみんなに連絡を取っているから、僕はみんなの認識が一致していることを確認したいと思う。

⑤ 僕が理解しているところでは、合計26人前後の人が来るはずだよね。⑥ これで合っているかな？⑦ 僕の計算が間違っていたら電話して教えてくれる？⑧ それから、ケイト・ライリーがランチの時に僕に言ったんだけど、彼女は来られないかもしれないそうだ。⑨ 彼女は今週末、お兄さんの結婚式で町を離れる予定で、間に合うか確信が持てないって言ってたんだ。⑩ 君から彼女に電話して確かめてくれる？⑪ よろしく。

⑫ それから、全員にメールを送ってほしいんだけど大丈夫かな？⑬ 午後7時に僕のうちで始めるっていうことを、みんなが知っているか確認してほしい。⑭ 住所はハンティング・ストリート142番地、アパートの510号室。⑮ 中に入るには、ブザーを押して僕に知らせてくれなくちゃいけないんだ。⑯ 建物は古い劇場の真向かいで、道路沿いに駐車場がある。⑰ でも、ちょっと遠くに駐車しないといけないかもしれない。⑱ 駐車場がとても小さくて、スペースを見つけるのが簡単じゃないんだ。⑲ みんながドリンクを持って来たいなら、それは構わないけど、みんなの分のワインがあるし、食べ物はすでにどっさり用意してるよ。

⑳ これを聞いたら電話してほしい。㉑ 今夜はずっと家にいるよ。㉒ よろしく。

Comment from Kimutatsu

今回は現実の留守番電話により近いテンポと話し方にしてもらった。講義の話し方に比べると聞き取りにくかったかもしれない。でもこういう音声こそ、「どうして聞き取りにくいのか」「どんな部分がつながりやすいのか」について、分析しながら何度も聞いてみよう。同じ速さで音読できたら大したもの。完全に同じようには読めなくても、できるだけまねて「英語らしく」発音しよう。

これから放送するのは、結婚披露宴に参加した Emma と Kevin の会話である。これを聞き、(1)〜(3)の問いに対して、それぞれ最も適切な答えを1つ選べ。放送を聞く前に以下の語注と設問に目を通しておくこと。

recognize：〜が誰か分かる (/rékəgnàiz/ **レ**カGナイZ)	go bad：悪くなる
turn round：逆を向く	blouse：ブラウス (/bláus/ B**ラ**ゥS)
opposite：〜の向かいに (/ápəzit/ **ア**パジT)	ex：昔の恋人 (/éks/ **エ**KS)

(1) Fiona Mackay was

    a) Kevin's girlfriend.

    b) Kevin's cousin.

    c) Emma's teacher.

    d) Emma's student.

    e) Emma's classmate.

(2) Frank Worthington is sitting

    a) directly opposite Ron.

    b) to the left of Eve.

    c) between Phil and Keith.

    d) next to Liz.

    e) between Liz and Fiona.

(3) At least how many people are at the table next to the speakers?

    a) Four.

    b) Five.

    c) Six.

    d) Seven.

    e) Eight.

今回は2人の会話を聞いて答える問題。人名がたくさん出てくるので、簡単なメモを取って整理しながら聞こう。

▶スクリプト　🎧 09　Emma 　Kevin

Emma: ① I don't seem to know any of the people at this wedding reception.

Kevin: ② Maybe you just don't recognize them.

Emma: ③ Perhaps. ④ It has been a long time since I've seen Jenny.

Kevin: ⑤ Take the people at this round table next to us, for example.

Emma: ⑥ What, you think I know them?

Kevin: ⑦ Yes, I'm sure you do.

Emma: ⑧ My eyes must be going bad. ⑨ Who's the nearest one, then — that woman in the blue suit with her back to me?

Kevin: ⑩ You'll know her when she turns round. ⑪ That's (3)Eve, Jenny's sister.

Emma: ⑫ No!

Kevin: ⑬ (1)And the woman sitting on Eve's right used to be in your class at school.

Emma: ⑭ Don't tell me that's Jenny's cousin (3)Liz!

Kevin: ⑮ No, don't be silly. ⑯ Liz hasn't changed that much — (1)(3)it's Fiona Mackay.

Emma: ⑰ Anyway, how do you know Liz hasn't changed that much?

Kevin: ⑱ Because that's her in the red blouse — sitting directly opposite Eve.

Emma: ⑲ Oh, right. ⑳ (2)So who's the man sitting next to Eve, then?

Kevin: ㉑ That's one of your exes!

Emma: ㉒ Not (2)(3)Frank Worthington?

Kevin: ㉓ You said it.

Emma: ㉔ My god, he looks about 40!

Kevin: ㉕ He is, isn't he?

Emma: ㉖ He's a year younger than you, actually — 24.

Kevin: ㉗ So can you guess who that is, sitting on his left, next to Liz?

Emma: ㉘ Oh, yeah, that's Frank's brother, Keith.

Kevin: ㉙ No, it's not. It's his dad, (3)Ron!

Emma: ㉚ I know. I was only joking.

Kevin: ㉛ So what about the last one — that guy sitting between Liz and Fiona?

Emma: ㉜ I have absolutely no idea.

Kevin: ㉝ You'd better get yourself booked up for an eye test — that's your brother, (3)Phil.

---

①wedding reception：結婚披露宴　⑭cousin：いとこ　㉜absolutely：絶対に　㉝booked up for 〜：〜で予定がふさがって

▶解答・解説

(1) Fiona Mackay **was**

（フィオナ・マッケイは＿＿＿だった）

a) Kevin's girlfriend.（ケビンのガールフレンド）
b) Kevin's cousin.（ケビンのいとこ）
c) Emma's teacher.（エマの先生）
d) Emma's student.（エマの生徒）
e) Emma's classmate.（エマのクラスメート）

> **解説** 指示文に、話者が Emma と Kevin であることが示されているので、その2人と Fiona Mackay との関係をつかむことに集中しよう。⑯ に名前が登場するが、この人物についての説明はそれより前の ⑬ の文で行われているので、1回目での聞き取りは難しいかもしれない。名前が出てきた箇所を覚えておいて、2回目には確実に聞き取ろう。

(2) Frank Worthington **is sitting**

（フランク・ワージントンは＿＿＿座っている）

a) directly opposite Ron.（ロンの真向かいに）
b) to the left of Eve.（イブの左に）
c) between Phil and Keith.（フィルとキースの間に）
d) next to Liz.（リズの隣に）
e) between Liz and Fiona.（リズとフィオナの間に）

> **解説** この問題と（3）の問題は、全員の名前と配置を紙に書いて一緒に解くのが確実。Frank Worthington の名前は ㉒ に登場するが、その少し前の ⑳ で、Eve の隣に座っていることが分かる。Eve の右隣は、(1) で聞いた文から Fiona Mackay だと分かっているので、b) が正解。

(3) **At least** how many people **are** at the table next **to the speakers?**

（話者たちの隣のテーブルには、最低何人が座っているか）

a) Four.（4人）
b) Five.（5人）
c) Six.（6人）
d) Seven.（7人）
e) Eight.（8人）

> **解説** 話題には上るが隣のテーブルにいるわけではない人物の名前に惑わされないようにしよう。隣のテーブルにいる人物として挙がっている名前を整理すると、⑪ の Eve、⑭ の Liz、⑯ の Fiona Mackay、㉒ の Frank Worthington、㉙ の Ron、㉝ の Phil の6人だ。

聞き取りのポイントをチェックしよう

Structure
構造

⑥ 本来は do you think ... ? となるところだが、実際の会話ではこのように、平叙文の形のままイントネーションを上げて質問をすることもある。

Sense
意味

会話中に口語の慣用表現がたくさん出てくる。まとめて覚えてしまおう。⑭Don't tell me は「言わないで」ではなく「まさか〜じゃないでしょうね」の意。⑮don't be silly は「ばかなことを言うな」。㉓You said it. は「まさにその通り」。

Sound
発音

⑫ ここでの No! は驚きを表しており、相手の発言を否定しているのではない。イントネーションにも注意してニュアンスをつかもう。㉕He is の is が強く言われていることに注意。エマが「彼は 40 歳に見える」と言ったのに対して「実際、40 歳だよね」と返している。

▶ 訳

エマ： ①私、この結婚披露宴に出ている人は 1 人も知らない感じよ。

ケビン：②気付いていないだけじゃないかな。

エマ： ③そうかもしれない。④ジェニーに会ってから長いことたっているものね。

ケビン：⑤例えば、僕たちの隣の円卓にいる人たちを見てごらんよ。

エマ： ⑥何、あなた、私があの人たちを知ってるって思ってるの？

ケビン：⑦うん、知ってるはずだよ。

エマ： ⑧私、目が悪くなっているんだわ。⑨それなら、一番近くの人は誰かしら——青いスーツを着て私に背を向けている女性。

ケビン：⑩彼女が振り向いたら分かるよ。⑪あれはジェニーの妹のイブだ。

エマ： ⑫まさか！

ケビン：⑬そして、イブの右に座っている女性は、学校で君のクラスにいたんだよ。

エマ： ⑭まさか、ジェニーのいとこのリズじゃないわよね！

ケビン：⑮いや、そんなばかな。⑯リズはあんな風に変わってないよ——あれはフィオナ・マッケイだ。

エマ： ⑰ともかく、あなたはどうしてリズがそんなに変わってないって知ってるの？

ケビン：⑱だって、彼女は赤いブラウスを着て——イブの真向かいに座っている。

エマ： ⑲あら、本当ね。⑳そしたら、イブの隣に座っている男性は誰？

ケビン：㉑あれは君の元カレのうちの 1 人だよ！

エマ： ㉒フランク・ワージントンじゃない？

ケビン：㉓その通り。

エマ： ㉔うわあ、40 歳くらいに見えるわ！

ケビン：㉕実際にそうなんじゃないの？

エマ： ㉖実は、彼はあなたより 1 つ下よ——24 歳。

ケビン：㉗それじゃあ、あれが誰か分かるかな、彼の左で、リズの隣に座ってる人。

エマ： ㉘分かるわよ、あれはフランクの弟のキースね。

ケビン：㉙いいや、違うよ。あれは彼のお父さんのロンだよ！

エマ：　　㉚ 知ってる、ただの冗談よ。

ケビン：㉛ そしたら最後に──リズとフィオナの間に座っているのは誰かな？

エマ：　　㉜ 全然分からない。

ケビン：㉝ 目の検査を予約した方がいいよ──あれは君の弟のフィルだ。

Comment from Kimutatsu

会話の聞き取りに慣れていない人にとっては難しかったはず。読解であれば難しくない内容やけど、短いやりとりが何往復も続くので、ついていくのにかなりの集中力が必要やったと思う。また、一方の人物が話した内容を他方が訂正する箇所も多く、混乱せずに正しい情報をつかんでいく必要もある。音読の際は、それぞれの役柄になりきって練習しよう。

コラム「Kimutatsu's Cafe」では、
キムタツ先生のお知り合いの先生方に話を伺います。

「理解の原理」から
「学習タクティクス」へ

中西健介先生（NAKANISHI, Kensuke）灘中学校・高等学校 教諭

　この本のタイトルに Basic とついているので、一番キホン的でカンタンなことを書こう。

知らん単語・聞こえん単語を潰せ

　「聞き取れない単語も、知らない単語も、どちらにせよ意味はわからない」。これは、リスニング問題を解くときに最も深刻で基本的な事実だと思う。入試で"Pardon?"などと聞き返すことはできない。聞き取れない・知らないものは、わからないのだ。「わからない単語は聞きとばす」「重要語に集中する」などのテクニックを身につけるのは最後の手段だろう。まずはできるだけ多くの英語に触れ、単語に接する。そして単語を学ぶ際に、意味、つづり、用法などとともに「音についても体にしっかり染み込ませる」必要がある。

「音→意味」回路と英語語順での
理解能力を鍛えよ

　また、「個々の単語は聞き取れるが意味が入ってこない。結果、何を言っているのかわからない」という人もいると思う。これは、「音→単語のつづり→語の日本語の意味の想起→意味の把握」という回路を通っているからだろう。1つの単語がまだこの回路の途中にあるうちに次々と音声は進んでしまうので、意味把握にたどり着かないことになる。解決策は、「音→　意味」という直接的・瞬間的な回路を自分の中に作って

しまうことだ。しかも、音が出てくる順のままで理解できる回路を。そこで、頭の中で「文字」と「日本語」を介さずに英語を理解する、ということに慣れる必要がある。

読んだらついでに聞いてしまえ

　リスニングができるようになるには、言うまでもなくガンガン（＝地道に）音に触れることが必要だ。そのためには音読はもちろん、一度読んだ文を何度も聞くことも有効。既読文を聞くことのメリットは、気持ち的にラクで、時間的にも負担がかからないことだ。音の順に意味をとる練習にもなる。さらに、知ってるハズの単語が聞けなかったり、読んだハズの文が理解不能だったりすると衝撃が大きいので、「ヤバっ」と思って俄然やる気が出てくるというのも副作用的によい。

先人から学べ

　授業中にいつも言ってることだが、なんのことはない、僕自身が学生時代に通ってきた道だ（笑）。僕が大学生のころはちょうどTOEICが流行りだした時代。TOEICにはリスニングが半分あるので、それまで「聞く」ことをあまり意識してこなかった学生にはキツイものがあった。

　ここで書いたことが読者にとって参考になるかどうかわからないが、試行錯誤を繰り返す際に選択肢の1つくらいになったら光栄だなぁ。

これから放送するマラリアについての講義を聞き、(1)〜(3)の問いに対して、それぞれ最も適切な答えを1つ選べ。放送を聞く前に以下の語注と設問に目を通しておくこと。

malaria：マラリア（/məléəriə/ マ**レ**アリア） account for 〜：〜（の割合）を占める insecticide-treated：殺虫剤処理された	mosquito：蚊（/məskíːtou/ マ**ス**キートウ） bed net：蚊帳 level off：横ばいになる

(1) How many people die from malaria per year?

a) About 140,000.

b) Almost 190,000.

c) Over 400,000.

d) Around 670,000.

e) More than 200 million.

(2) Which of the following is NOT mentioned about ITNs?

a) They are treated with long-lasting insecticides.

b) Mosquitos are becoming more resistant to their poisons.

c) Most of them are supplied to people in select areas.

d) They provide an insignificant level of protection.

e) A nonprofit organization has been supplying them.

(3) The lecturer says it is possible to lower the death rates by

a) improving transportation in these countries.

b) boosting the supplies of bed nets.

c) increasing the numbers of hospitals.

d) preventing mosquito breeding.

e) providing stronger poisons.

今回は少し難しいトピック。病気や薬の名前など、なじみの薄い語句に惑わされずに、必要な情報を丁寧に拾っていこう。

▶スクリプト　🎧 10　🇬🇧

①Today, I'd like to continue my talk from last week about malaria. ②Just to review, malaria is a dangerous disease spread by mosquito bites, and it is especially widespread in Africa. ③According to the World Health Organization (WHO), (1)every year more than 200 million people become sick (1)with malaria, and (1)more than 400,000 of them die. ④Children under 5 years of age are the most vulnerable group; in 2019, they accounted for 67 percent of all malaria deaths worldwide.

⑤While the figures show a serious situation, there is some good news to report about the fight against malaria. ⑥(2)The Global Fund to Fight AIDS, Tuberculosis and Malaria, a nonprofit organization, has been paying for anti-malaria drugs and bed nets. ⑦(2)The nets are treated with long-lasting insect poison and called insecticide-treated nets (ITNs). ⑧(2)They are mainly given to people living in danger zones.

⑨In 2019, an estimated 46 percent of all people at risk of malaria in Africa were protected by ITNs, compared with only 2 percent in 2000. ⑩Despite (2)the emergence and spread of mosquito resistance to the insecticides, (2)the nets continue to save lives by providing a substantial level of protection in most settings.

⑪The global response to malaria has made astonishing progress since the beginning of the millennium. ⑫However, the gains have leveled off — a trend observed over recent years. ⑬Also, ITN coverage has been at a standstill since 2016.

⑭One of the main reasons is a shortage of supplies. ⑮(3)If more ITNs and anti-malaria drugs were made available, more deaths could surely be prevented.

②disease：病気　spread：〜を流行させる　bite：（蚊などが）刺すこと　④vulnerable：脆弱な、感染しやすい　⑤figure：数字　⑥tuberculosis：結核　nonprofit organization：民間非営利組織　anti-malaria drug：抗マラリア薬　⑦long-lasting：長く続く　poison：毒　⑩emergence：出現　resistance to 〜：〜への耐性　substantial：かなりの　setting：状況、場合　⑪astonishing：驚くべき　millennium：千年紀、千年間　⑬at a standstill：足踏み状態で　⑮available：利用可能な

▶解答・解説

(1) How many people die from malaria per year?
（1年当たりどのくらいの人がマラリアで死亡しているか）

　a) About 140,000. （約14万人）
　b) Almost 190,000. （ほぼ19万人）

c) Over 400,000.〔40万人超〕

d) Around 670,000.〔約67万人〕

e) More than 200 million.〔2億人超〕

 解説 ③ の文に答えが登場する。設問の順はたいていスクリプトの流れと一致しているので（選択肢はそうではないが）、1問目であれば「最初の方に言及があるだろう」と思ってよい。every year の直後に出てくる more than 200 million people は死者の数ではないので惑わされないように。

(2) Which of the following is NOT mentioned about ITNs?

〔ITNについて述べられていないものは次のうちどれか〕

a) They are treated with long-lasting insecticides.

〔効果が長続きする殺虫剤で処理されている〕

b) Mosquitos are becoming more resistant to their poisons.

〔それらの毒に対して、蚊がより耐性を持つようになっている〕

c) Most of them are supplied to people in select areas.

〔それらの大半は、特定の地域の人々に供給されている〕

d) They provide an insignificant level of protection.

〔それらが提供する保護は、取るに足りない水準である〕

e) A nonprofit organization has been supplying them.

〔非営利団体がそれらを提供し続けてきた〕

解説 選択肢のうち4つは言及されるはずなので、質問と選択肢を事前に読んで、待ち構えて聞こう。e) は ⑥、a) は ⑦、c) は ⑧、b) は ⑩ に出てくるが、d) については ⑩ の後半で正反対のことが言われている。

(3) The lecturer says it is possible to lower the death rates by

〔講師は、＿＿＿によって死亡率を下げることができると述べている〕

a) improving transportation in those countries.〔それらの国の輸送機関を発達させること〕

b) boosting the supplies of bed nets.〔蚊帳の供給を増やすこと〕

c) increasing the numbers of hospitals.〔病院の数を増やすこと〕

d) preventing mosquito breeding.〔蚊の繁殖を阻むこと〕

e) providing stronger poisons.〔より強力な毒素を提供すること〕

解説 ⑮ の文に答えがあるが、末尾の more deaths could surely be prevented の前の部分に、そのためになされるべきことが述べられているので注意。⑭ で「供給物資の不足」に言及しているあたりから、続いて話される内容を推測して聞いていこう。

聞き取りのポイントをチェックしよう

Structure 構造 ② 動詞の spread は過去形も過去分詞も同じ形なので注意が必要。ここでは過去分詞で a dangerous disease を後ろから修飾している。⑥ 文頭の The ... Malaria の

部分は組織名でこの文の主語。直後のカンマで挟まれた a nonprofit organization が、直前の主語を説明・補足している。

Sense
意味

②Just to review, は「簡単に振り返ると」。Just to make sure,（念のため）などの表現と同じように、カンマ以下から文の主要部分が始まっていると考えればよい。
⑤While は接続詞で、「〜なのに対して」を表す。

Sound
発音

malaria は日本語の「マラリア」とは発音が異なる。また、⑥⑮ の anti-malaria の接頭辞 anti- は /ǽntai/ と発音されることもあり、その場合、日本語の「アンチ」とは発音が大きく異なるので注意が必要。

▶ 訳

①今日は、先週に引き続き、マラリアの話をしたいと思います。②簡単に振り返ると、マラリアは蚊に刺されることで感染が広まる危険な病気で、特にアフリカにまん延しています。③世界保健機関（WHO）によると、毎年2億人超がマラリアにかかり、そのうち40万人超が亡くなっています。④5歳未満の子どもが最も感染しやすい集団で、2019年には、彼らが世界中のマラリアの死者の67%を占めました。

⑤こうした数字が深刻な状況を示す一方で、マラリアとの闘いに関して報告すべきよいニュースも、幾つかあります。⑥非営利団体「世界エイズ・結核・マラリア対策基金」はこれまで、抗マラリア薬と蚊帳の資金負担を続けてきました。⑦蚊帳は、効果が長続きする殺虫剤で処理されていて、殺虫剤処理蚊帳（ITN）と呼ばれています。⑧これらは主に、危険地域に住む人々に供与されています。

⑨2019年には、アフリカでマラリアの危険にさらされている全人口のうち、推計46%の人々が ITN によって守られました。2000年にはわずか2%だったのですが。⑩殺虫剤に対する蚊の耐性が現れ、広まっているにもかかわらず、この蚊帳は多くの場面で相当な水準の保護を提供し、人命を救い続けています。

⑪マラリアに対する世界的対応は、2000年代の初め以来、驚くべき進歩を遂げました。⑫しかし、その進歩も横ばいになってきています――これは、ここ数年にわたって観察される傾向です。⑬また、ITN の供与範囲も、2016年以来足踏み状態が続いています。

⑭主な理由の1つは、供給物資の不足です。⑮より多くの ITN と抗マラリア薬が入手できるようになれば、より多くの死が確実に防げるでしょう。

Comment from Kimutatsu

さまざまな数字が出てくるけれど、落ち着いていれば聞き取れるし、問題 (1) にも苦戦しないはず。普段から数字のリスニングを重ねておこう。一方、(2) や (3) のような問題は、文脈を正しく把握しているかどうかで、正解を素早く導けるかが違ってくる。瞬間的に音を追うだけでなく、文脈をとらえて内容を整理しながら聞く力を付けよう。

これから放送する説明を聞き、(1)〜(3)の問いに対して、それぞれ最も適切な答えを1つ選べ。放送を聞く前に以下の語注と設問に目を通しておくこと。

rundown：説明（/rʌ́ndàun/ **ラ**ンダウン）	workshop：研修会（/wɔ́ːrkʃɑ̀p/ **ワ**ーKシャP）
ingredient：材料（/ingríːdiənt/ インG**リ**ーディアンT）	lye：苛性アルカリ溶液（/lái/ **ラ**イ）
aluminum：アルミニウム（/əlúːmənəm/ ア**ルー**マナM）	potash：炭酸カリウム（/pátæʃ/ **パ**タシュ）

(1) Which of the following is NOT mentioned as a danger when using lye?

a) It can corrode aluminum containers.

b) It can melt clothing.

c) It can seriously burn skin.

d) It can threaten one's vision.

e) It can damage the lungs.

(2) In this workshop, how much oil will be required?

a) 9 kilograms.

b) 12 kilograms.

c) 21 kilograms.

d) 26 liters.

e) 38 liters.

(3) How long does it take to complete making soap?

a) About three minutes.

b) About three days.

c) About a week.

d) About three weeks.

e) About a month.

化学物質の名前が今回の難所。
「物質の名前」ということさえ把
握しておけば、それが何のことか
たとえ分からなくても大丈夫！

▶スクリプト 🎧 ❚❚ 🇺🇸

① I'm going to give you a quick rundown of how soap-making works, and then later, we'll begin the actual workshop and get everyone started.
② Making soap requires two basic ingredients: lye and oil. ③ Almost any type of oil will work, including oil from animal fats or plant sources such as avocado or coconut, or you can even use simple sunflower oil.
④ Lye is the more active ingredient, and it requires extra-special care. ⑤ There are two kinds, sodium hydroxide and potassium hydroxide, and they can be bought in most places specializing in cleaning products. ⑥ Be careful with lye.
⑦ (1)If it gets into your eyes, it can cause blindness, and (1)it can seriously burn the skin, too. ⑧ (1)It also releases fumes that can harm the lungs. ⑨ I can't emphasize enough that you keep it far, far away from contact with children.
⑩ Also, (1)never store lye in an aluminum container, as it will eat through the metal.
⑪ The soap we'll be starting today uses potash rather than purchased lye.
⑫ Traditionally, potash is made by boiling ashes in water. ⑬ We'll require 9 kilograms of potash. ⑭ (2)We'll also need 12 kilograms of oil and 26 liters of water. ⑮ We'll put the oil into these wooden buckets and then mix the potash in water. ⑯ We'll then add it to the oil.
⑰ The whole process will take three days. ⑱ During this time, you'll need to mix the materials with a wooden spoon or stick several times a day, about three minutes each time. ⑲ After this first stage, (3)the soap must sit in the bucket for roughly a month before it is ready to use.
⑳ That's the simple explanation. ㉑ Now, let's get started with the actual workshop.

③ animal fat：動物性脂肪　avocado：アボカド　coconut：ココナッツ　sunflower：ヒマワリ　④ active：活性の　⑤ sodium：ナトリウム　hydroxide：水酸化物　potassium：カリウム　specialize in ～：～を専門的に扱う　⑦ blindness：失明　⑧ fume：煙、ガス　lung：肺　⑨ emphasize：～を強調する　⑮ bucket：バケツ　⑲ roughly：おおよそ

▶解答・解説

(1) Which of the following is NOT mentioned as a danger when using lye?
（次のうち、苛性アルカリ溶液を使う時の危険性として言及されていないのはどれか）

a) It can corrode aluminum containers. （アルミ製の容器を腐食する可能性がある）
b) It can melt clothing. （衣類を溶かす可能性がある）
c) It can seriously burn skin. （皮膚をひどくやけどさせる可能性がある）

d) It can threaten one's vision. （人の視力を脅かす可能性がある）

e) It can damage the lungs. （肺を傷める可能性がある）

 ④ の文から lye の説明が始まる。ここから注意していこう。選択肢の内容が出てくるのは ⑦ ⑧ ⑩ の文。b) についてはまったく触れられていない。選択肢の順序は、このように、スクリプトに出てくる順序と一致しないことも多いので、事前に選択肢の内容を押さえているかどうかで、解きやすさが大きく変わってくる。

(2) In this workshop, how much oil will be required?

（この研修会では、どれだけの油が必要とされそうか）

a) 9 kilograms. （9キログラム）

b) 12 kilograms. （12キログラム）

c) 21 kilograms. （21キログラム）

d) 26 liters. （26リットル）

e) 38 liters. （38リットル）

 ⑭ の文に b) と同じ数字が、油の量として出てくる。スクリプトの We'll (also) need ... が、質問文では ... will be required という表現になっているだけだ。前後に出てくるほかの数字に惑わされないように。

(3) How long does it take to complete making soap?

（石鹸作りが完了するまでにどれくらいの時間がかかるか）

a) About three minutes. （約3分）

b) About three days. （約3日）

c) About a week. （約1週間）

d) About three weeks. （約3週間）

e) About a month. （約1カ月）

 ⑰ の文に惑わされないようにしよう。⑲ で、three days（3日）というのは first stage（第1段階）の作業にかかる日数であり、完全な石鹸ができるまでには roughly a month（約1カ月）かかると説明されている。

聞き取りのポイントをチェックしよう

Structure 構造　①get everyone started は「get ＋目的語＋状態」という VOC の構造。get 〜 started で「〜に始めてもらう」の意味になる。㉑ の let's get started with 〜も類似の表現で、「〜を始めましょう」の意。⑩ この文の as は「理由」を表す接続詞。⑪we'll be starting today は関係代名詞節で、文の主語 The soap が先行詞。

Sense 意味　① の work は「進む、動く」、③ の work は「うまくいく」を表す。⑨I can't emphasize enough は「（いくら言っても）誇張ではない」ということ。⑲sit は訳しにくいが、石鹸がバケツの底で形を成して出来上がっている様子を指して使われている。

Sound 発音　⑤ の sodium（ナトリウム）や ⑩ の aluminum（アルミニウム）など、物質名には日本語での言い方とまったく異なるものや、アクセントが大きく違うものがあるので注意しよう。

▶訳

① 今から石鹸作りとはどんなものかを簡単にご説明します。その後で実際のワークショップを始め、一緒に作り始めていただきます。

② 石鹸作りには、主に2種類の基本的な材料が必要です。苛性アルカリ溶液と、油です。

③ 油はほとんどどんな種類のものでも使えます。動物性油でも、アボカドやココナッツのオイルといった植物性のものでも、単純なひまわり油さえも、使えるのです。

④ 苛性アルカリ溶液は、より活性な成分で、特別な注意が必要です。⑤2種類のもの、すなわち水酸化ナトリウムまたは水酸化カリウムがあって、洗浄剤を専門に扱うたいていの店で購入することができます。⑥ 苛性アルカリ溶液には注意してください。⑦ 目に入ると失明する可能性があり、皮膚をひどくやけどさせる可能性もあります。⑧ また、肺を傷める可能性のあるガスも放出します。⑨ 子どもたちからはできるだけ手の届かない、離れた場所に保管されることを、どんなに強くお勧めしても十分ではありません。⑩ また、苛性アルカリ溶液を決してアルミ製の容器に入れて保管してはいけません。それはアルミを腐食してしまうので。

⑪ 今日私たちが作り始めようとしている石鹸は、購入した苛性アルカリ溶液ではなく、炭酸カリウムを使います。⑫ 通例、炭酸カリウムは灰をお湯で煮立てて作られます。⑬9キログラムの炭酸カリウムが必要となります。⑭ また、12キログラムの油と、26リットルの水も必要です。⑮ 油をこれらの木製のバケツに入れ、それから炭酸カリウムを水に混ぜます。⑯ そして、それを油に加えます。

⑰ この過程全体で、3日間かかります。⑱ この間に、材料を木製のスプーンや棒で1日に数回、1回につき3分ほどかき混ぜる必要があります。⑲ この第1段階の後、石鹸がバケツの中にできてくるはずですが、それが使用できるようになるまでにはざっと1カ月かかり。

⑳ 以上が簡単な説明です。㉑ さあ、実際のワークショップを始めましょう。

Comment from Kimutatsu

「石鹸の作り方」なんて、知っている人は少ないよね。登場する材料の名前も知っている必要はまったくない。設問で問われている情報をしっかりと聞き取っていくことに集中しよう。「質問文に **NOT** が入っている場合は消去法で解く」とこれまでも解説してきたけど、どうしても苦手な人は、選択肢中の重要な箇所に印を付けておくと解きやすくなるよ。

これから放送する古代の魚についての講義を聞き、(1)〜(3)の問いに対して、それぞれ最も適切な答えを1つ選べ。放送を聞く前に以下の語注と設問に目を通しておくこと。

primitive：太古の（/prímətiv/ Pリマティ V）　　digit：手足の指（/dídʒit/ ディジT）
fin：(魚の) ひれ（/fín/ フィン）　　tetrapod：4つ足の脊椎動物（/tétrəpὰd/ テTラパD）
precursor：前に起こるもの（/prikə́ːrsər/ Pリカーサー）　　fragment：断片（/frǽgmənt/ FラGマン T）

(1) Some scientists believe that the Panderichthys

a) walked on the bottom of the sea.
b) began to live on land.
c) did not need any fins to swim.
d) had digits that later disappeared.
e) was predated by the Tiktaalik.

(2) What does Dr. Coates say?

a) The Panderichthys's bones are not the right shape for fingers.
b) The Tiktaalik is considered to be the first tetrapod.
c) The newly found fossils are too damaged to be examined.
d) There could never have been any finger or toe bones in fish.
e) The Panderichthys should be considered as a missing link.

(3) What does the speaker mean by "nothing comes from nothing in evolution"?

a) There is too little evidence to prove fish had digits.
b) We cannot dismiss the theory that fish had fingers and toes.
c) Almost all mammals came from fish.
d) Some early fish came to live on land.
e) Living things always come from nothing.

今回も単語が難しい問題。キーワードとその意味を頭に入れたら、知らない語句が聞こえてきても動揺せずに取り組もう。

▶スクリプト 🎧 12 🇬🇧

① Today, I'd like to discuss some new and exciting research findings. ② Scientists in Sweden say that primitive fish, including sharks, had the genes necessary to develop digits. ③ This is a very significant claim because it could explain how later species, such as humans, developed fingers and toes.

④ Using X-rays, scientists created a three-dimensional image of a fin belonging to a fish called a (1)Panderichthys, which lived about 385 million years ago. ⑤ The X-rays show that the ancient fish had many of the same bones that make up a modern human arm, including four small bones that look very similar to fingers.

⑥ Some scientists believe that this fish is the ancestor of modern-day tetrapods, which is to say mammals, birds and reptiles. ⑦ Over many years of evolution, (1)this fish emerged from the water and began to live on land, and it did not need its fins anymore. ⑧ As a result, the finger-like bones that were inside the fins began to take shape and the fins themselves disappeared.

⑨ Until now, many scientists have believed that a much later fish, the Tiktaalik, which lived about 5 million years after the Panderichthys, was the "missing link" between fish and the first tetrapods. ⑩ Even now, not all scientists are convinced that the Panderichthys's digit-like bones are the precursors to human fingers. ⑪ (2)One skeptic is Dr. Michael Coates, an evolutionary biologist at the University of Chicago. ⑫ (2)He said that the Panderichthys's bones are too flat to be finger bones. ⑬ Dr. Coates suggested that the digit-like structures might just be fragments of damaged bone.

⑭ (3)He did agree, however, that fingers and toes — or at least their precursors — were probably present in early fish. ⑮ After all, nothing comes from nothing in evolution.

②gene：遺伝子 ③toe：足の指（finger は手の指） ④X-rays：X線（写真） three-dimensional：三次元の ⑤ancient：古代の ⑥ancestor：祖先 mammal：哺乳動物 reptile：爬虫類の動物 ⑦emerge：現れる ⑨missing link：失われた環（進化の過程に存在すると仮想される生物） ⑪skeptic：疑う人 evolutionary：進化の biologist：生物学者

▶解答・解説

(1) Some scientists believe that the Panderichthys

（パンデリクシスが＿＿と信じる科学者もいる）

- **a)** walked on the bottom of the sea. （海底を歩いていた）
- **b)** began to live on land. （陸に住み始めた）
- **c)** did not need any fins to swim. （泳ぐのにどんなひれも必要としなかった）
- **d)** had digits that later disappeared. （指を持っていたが後に消えた）
- **e)** was predated by the Tiktaalik. （ティクターリクに先行されていた）

解説 ⑥ の文頭 Some scientists believe が聞こえてきたら集中しよう。this fish が ④ の Panderichthys を指すことをつかみ、後をよく聞くこと。続く ⑦ に b) とまったく同じ語句が出てくる。なお、e) の predate は「〜より前から存在する」で、ここでは受け身で使われているので「ティクターリクの方が先に存在していた」ことになり不正解。

(2) What does Dr. Coates say?

（コーツ博士はどんなことを述べているか）

- **a)** The Panderichthys's bones are not the right shape for fingers.
  （パンデリクシスの骨は、指として適切な形ではない）
- **b)** The Tiktaalik is considered to be the first tetrapod.
  （ティクターリクは、最初の四肢動物と見なされている）
- **c)** The newly found fossils are too damaged to be examined.
  （新しく発見された化石は、損傷がひどくて調査できない）
- **d)** There could never have been any finger or toe bones in fish.
  （魚に手や足の指の骨が存在した可能性はない）
- **e)** The Panderichthys should be considered as a missing link.
  （パンデリクシスが、失われた環と見なされるべきである）

解説 Dr. Coatesの名前は ⑪ で、skeptic（疑っている人）として登場する。何を疑っているかといえば、直前で述べられている通り「パンデリクシスの骨が人間の指の起源だった」という説。続く ⑫ ⑬ で彼の具体的な主張が伝えられており、a) が当てはまる。

(3) What does the speaker mean by "nothing comes from nothing in evolution"?

（話者は「進化の中では、無からは何も生まれない」という言葉で何を言おうとしているか）

a) There is too little evidence to prove fish had digits.

（魚に指があったことを示す証拠が少なすぎる）

b) We cannot dismiss the theory that fish had fingers and toes.

（魚が手の指や足の指を持っていたという説を却下することはできない）

c) Almost all mammals came from fish.

（ほとんどすべての哺乳類は魚から来ている）

d) Some early fish came to live on land.

（初期の魚は陸に住むようになった）

e) Living things always come from nothing.

（生物は常に無から生まれる）

解説 ⑮ に登場するこの言葉は、コーツ博士の考えについて述べた ⑭ を受けている。文脈を確認すると、博士は手の指や足の指のようなものを魚が持っていた可能性は認めているという。つまり、nothing comes from nothing in evolution とは、「今あるものは、昔あったものが何らかの進化を経た結果だ」ということだと考えられる。

聞き取りのポイントをチェックしよう

Structure 構造
④called a Panderichthys は分詞句で、a fish を説明している。⑤ 最初の that は show の対象（内容）を表す接続詞、2つ目の that は the same bones を先行詞とする関係代名詞、最後の that は four small bones を先行詞とする関係代名詞。⑨この文の that は have believed の対象（内容）を表す名詞節を作っており、その中に Tiktaalik を先行詞とする関係代名詞節がある。that 節内の動詞は was。

Sense 意味
⑧As a result は「結果として」。take shape は「形を成す」。生まれ始めた骨が形をはっきりさせることを表している。⑨missing link とは、生物の進化において存在が仮想される種のこと。⑩precursor（先行するもの）は、ここでは「人間の指が今の形に進化する前の、元の形」を表す。

Sound 発音
古代の生物の名前は、あまりはっきりと聞き取れなくてもよい。「昔の魚の名前」であることさえつかんでおけば、設問は十分に解くことができる。

▶訳

①今日、私はある新しい、そしてワクワクするような調査によって分かったことについてお話ししたいと思います。②スウェーデンの科学者たちが、原始の魚には、サメも含め、指を発達させるのに必要な遺伝子があったと言っています。③これは非常に重大な主張です。なぜなら、それによって、人間などの後の種がどのようにして手の指や足の指を発達させたのかを説明することができるかもしれないからです。

④X線写真を用いて、科学者たちは、パンデリクシスと呼ばれる約3億8500万年前に生きていた魚のヒレの3次元画像を作成しました。⑤X線写真によって、この古代の魚が、指に非常によく似た4本の小さな骨を含め、現代の人間の腕を構成する骨と同じ骨の多くを持っていることが示されました。

⑥科学者たちの中には、この魚が今日の四肢動物、すなわち哺乳類、鳥類、および爬虫類の先祖であると信じる者もいます。⑦何年もの進化を経て、この魚は水から上がり、陸の上で暮らし始め、そしてもうヒレが必要ではなくなったのです。⑧その結果、ヒレの中にあった指のような骨が形を成し始め、ヒレ自体は消えたのです。

⑨これまで多くの科学者たちは、もっと後の時代の魚のティクターリクが——これはパンデリクシスよりも約500万年後に生息したのですが——魚と最初の四肢動物の間の「失われた環」であると信じてきました。⑩今でさえ、パンデリクシスの指のような骨が人間の指の以前の姿であると、全科学者が確信しているわけではありません。⑪信じていない人々の1人が、マイケル・コーツ博士、シカゴ大学の進化生物学者です。⑫彼の発言によると、パンデリクシスの骨は、指の骨になるには平たすぎるとのことです。⑬コーツ博士は、指のような組織は、単に損傷を受けた骨の破片にすぎないかもしれないと示唆しました。

⑭しかし彼は、おそらく初期の魚には、手の指や足の指が——少なくともそれらの以前の姿が——存在していただろうということには賛成しました。⑮結局、進化の中では、無からは何も生まれないのです。

Comment from Kimutatsu

PanderichthysやTiktaalikという名前は、僕にとってもなじみのないものやった。こういった単語を除いてスクリプトを読めば、説明自体は非常に分かりやすい英語でされているよね。geneやbiologistをはじめ生物学に関連した語句もいろいろ登場するけど、大半は覚えておきたいレベルのものばかり。英語力の土台として、語彙力もできるだけ鍛えておこう。

コラム「Kimutatsu's Cafe」では、
キムタツ先生のお知り合いの先生方に話を伺います。

小さな練習から
コツコツ続けていこう

堤 秀成先生（TSUTSUMI, Hidenari）ラ・サール高等学校 教諭

リスニングが上達するためにはどうすれ
ばいいのか。私から3つのポイントを挙げて
みます。

1 「英文を和訳しながら読まない」

ある程度英語に慣れてくると、和訳しな
がら英文を読むことはなくなるはずですが、
いまだに和訳をする癖が抜けていない人は
いませんか。リスニングは耳に英語が入っ
てくると同時に意味を理解する作業なので、
日本語を介在させる余裕はありません。英
語の意味がわかることとそれを和訳するこ
とは別物です。リスニングでは英語を聞い
て「意味がわかる」ことが目的なので、特
別に求められていない限り和訳する必要は
ないのです。He is a teacher.という文を
「彼は先生です」と訳さなければ意味がわか
らない人はいないでしょう。

2 「語彙力をつける」

英語を読み書きする際にも語彙力は大切
ですが、リスニングの場合も全く同様です。
知らない単語は何度聞いても、どんなにゆ
っくり発音されても聞き取れません。私が
学生のころ、ラジオの英語ニュースで何回
も出てくる「ジャカーラ」という単語がどう
してもわからなかったことがあります。別の
機会にそれがJakartaという地名だったと
知って、拍子抜けしたような気分でした。
「ジャカルタ」は知っていてもJakartaは私
にとって未知の単語だったのです。

3 「聞こえた通りに言ってみる」

忘れられがちなことですが、聞き取れる
ことは、自分で発音できることが前提です。
自分で発音できない単語やフレーズは聞き
取れません。発音できないということは、ど
んな音で発音されるのかを知らないという
ことです。ならば、聞こえた通りに英語を
音のかたまりとしてそのまま自分で言ってみ
る訓練をすればいいことになります。最初
は簡単な会話や短文から始めて、徐々に長
くしていけばいいでしょう。

このとき大事なことは、できるだけスクリ
プトがある題材を用いて聞き取れない部分
の音を確認することと、漫然と聞き流すの
ではなく集中して聞くことです。また、好き
な英語の歌を何も見ないで本人とそっくり
に歌えるようになるまで練習するのも効果
的です。これはリスニング以外にもきっと
役に立ちます。

リスニングが上達するには、留学したり、
外国人と会話をしたりしなければならないと
思っている人がいるかもしれません。それ
も手段の1つではありますが、例えばNHK
のラジオ講座などを最低半年でも聞き続け
れば、その効果は絶大です。リスニングの
力は短期間ではつきにくいですが、1日5分
でも毎日続けて下さい。以前より聞き取れ
る自分に気づく日が必ずやって来ます。さ
あ、今日から頑張ってみましょう。

これから放送するのは、Dutch（オランダの）という単語を用いた英語表現についての説明である。これを聞き、(1)～(3)の問いに対して、それぞれ最も適切な答えを1つ選べ。放送を聞く前に以下の語注と設問に目を通しておくこと。

Dutch：オランダ（人）の（/dʌtʃ/ **ダ**チ）	insulting：侮辱的な（/insʌ́ltiŋ/ インサLティンG）
fierce：猛烈な（/fíərs/ **フィ**アーS）	naval：海軍の（/néivəl/ **ネイ**ヴァL）
cowardly：卑怯な（/káuərdli/ **カ**ウアーDリ）	expense：出費（/ikspéns/ イKSペンS）

(1) Which of the following sentences is the correct usage of "Dutch treat" in the older meaning?

a) "We often meet for tea, and it is usually a Dutch treat."

b) "How about going out to eat tonight, Dutch treat?"

c) "They agreed that their daughter might date if it were a Dutch treat."

d) "I enjoyed his housewarming party, but it was a Dutch treat."

e) "Our dates were always Dutch treats as we both used to be short on money."

(2) The speaker says Germans who moved to the United States were often mistakenly called Dutch because

a) Germany was believed to have been a part of the Netherlands.

b) Americans disliked both the Germans and the Dutch.

c) all foreign people were called Dutch in the United States.

d) the German word for "German" sounds like the English word "Dutch."

e) they always asked their guests to pay for their own expenses.

(3) When were English expressions using "Dutch" first created?

a) In the 1500s.

b) In the 1600s.

c) In the 1700s.

d) In the middle of the 1800s.

e) In the late 1800s.

1問目は少し変わった問題。どういう解き方をするのが効率的かつ確実かな?

▶スクリプト  13

① In modern English, many expressions use the word "Dutch." ② For example, there is a Dutch treat, a Dutch auction, a Dutch bob, Dutch courage, a Dutch door and a Dutch uncle. ③ The history of how these expressions came into the language is interesting, particularly because some of the Dutch expressions heard in American English have nothing to do with the Dutch people at all. ④ In fact, a number of these terms are seen as highly insulting by Dutch people and should not be used.

⑤ (3)Many Dutch-related expressions were first created in 17th century England, a time of fierce naval competition between England and the Netherlands. ⑥ As a result, Dutch expressions were used to describe things that were bad or cowardly. ⑦ "A Dutch agreement" was one made between drunk people. ⑧ "Dutch leave" described a soldier who had left his base without permission.

⑨ Some of these old expressions are still used today, but their meanings have slightly changed. ⑩ (1)Long ago, "a Dutch treat" was a dinner at which the invited guests were expected to pay for their own share of the food and drink. ⑪ Now, a Dutch treat means that when friends go out together, each person pays her or his own expenses — no one treats.

⑫ As I said, some of the Dutch expressions heard in American English have nothing to do with Dutch people at all. ⑬ (2)In the German language, the word for German is "Deutsch," which sounds very similar to the English word Dutch. ⑭ As a result, in the 1700s, Germans who moved to the United States were often mistakenly called Dutch.

⑮ In California, during the 1850s, the term Dutch was used to describe Germans, Swedes and Norwegians as well as people from the Netherlands. ⑯ President Theodore Roosevelt once noted that anything foreign and non-English was called Dutch. ⑰ This is how American English came to have so many expressions with the word Dutch.

②Dutch auction：逆競り（売れるまで値下げする競売）　Dutch bob：おかっぱ頭　Dutch courage：酒の力を借りた空元気　Dutch door：2段式ドア　Dutch uncle：ずけずけと物を言う人　⑤competition：争い　the Netherlands：オランダ　⑧soldier：兵士　permission：許可　⑬German：ドイツ（人）の　⑭mistakenly：間違って　⑮Swede：スウェーデン人　Norwegian：ノルウェー人

▶解答・解説

(1) Which of the following sentences is the correct usage of "Dutch treat" in the older meaning?

(「Dutch treat」の古い意味での正しい使い方は、次のうちどの文か)

a) "We often meet for tea, and it is usually a Dutch treat."

(私たちはよく会ってお茶を飲むが、たいてい割り勘だ)

b) "How about going out to eat tonight, Dutch treat?"

(今夜、外に食べに行きませんか、割り勘で)

c) "They agreed that their daughter might date if it were a Dutch treat."

(彼らは、もしも割り勘ならば娘がデートに行ってもいいだろうと同意した)

d) "I enjoyed his housewarming party, but it was a Dutch treat."

(彼の新築祝いパーティーは楽しかったが、自分の飲食代は払う方式だった)

e) "Our dates were always Dutch treats as we both used to be short on money."

(私たちは2人ともかつてよく金欠になっていたので、デートはいつも割り勘だった)

解説 Dutch treat という表現の意味の変化については、⑩⑪ で説明されている。選択肢を頭に入れておき、「聞きながら同時進行で正解を選ぶ」解き方よりも、まず音声に集中して「古い意味」「現在の意味」の定義を確認してから選択肢を吟味するとよい。「古い意味」は、「客として招待された食事だが自分の食事の料金を払うようになっていること」。これに対して「現在の意味」は、「どこかに出掛けたときの出費を割り勘で払うこと」である。このことから、d) が正解だと分かる。

(2) The speaker says Germans who moved to the United States were often mistakenly called Dutch because

(話者は、アメリカに移住したドイツ人がしばしば誤ってDutchと呼ばれたのは＿＿からだと言っている)

a) Germany was believed to have been a part of the Netherlands.

(ドイツはオランダの一部だったと考えられていた)

b) Americans disliked both the Germans and the Dutch.

(アメリカ人はドイツ人もオランダ人も嫌いだった)

c) all foreign people were called Dutch in the United States.

(アメリカでは、すべての外国人はDutchと呼ばれていた)

d) the German word for "German" sounds like the English word "Dutch."

(「ドイツ人」を表すドイツ語の単語の発音が、英単語の「Dutch」と似ている)

e) they always asked their guests to pay for their own expenses.

(彼らは常に、客に自分の分の費用を支払うよう求めた)

解説 ドイツ人が間違って Dutch と呼ばれたことは、⑭ で触れられている。その理由は前の文の ⑬ に登場し、d) と一致する。理由と結果の順序が逆になっているので、1回で聞き取れなければ2回目で頑張ろう。

(3) When were English expressions using "Dutch" first created?

（「Dutch」を使った英語表現が最初に作り出されたのはいつか）

a) In the 1500s.（1500年代に）
b) In the 1600s.（1600年代に）
c) In the 1700s.（1700年代に）
d) In the middle of the 1800s.（1800年代半ばに）
e) In the late 1800s.（1800年代後半に）

> **解説** 年号や世紀を表す語句が幾つか出てくるので、Dutch を使った表現が「最初に」作られた時について述べられている箇所を聞き取ろう。今回はあえて設問とスクリプトの順をずらしている。設問の順序通りに探すと ⑮ の1850s に反応してしまいそうだが、内容をよく聞くと設問と関係ないことが分かるだろう。ここは ⑤ の 17th century から b) を選ぶ必要がある。

聞き取りのポイントをチェックしよう

Structure 構造　② 複数の例が挙げられているが、be 動詞は is になっている。この there is は個々の a Dutch 〜につながっている、と考えよう。なお、courage だけは不可算名詞なので冠詞がない。⑦one は前文で述べられている Dutch expression を指している。

Sense 意味　③⑫have nothing to do with 〜 は「〜とまったく関係がない」。⑥⑭As a result は「結果として」。

Sound 発音　Dutch という語が繰り返し出てくるが、たとえこの単語を知らなかったとしても、問題を解く上ではまったく支障がない。頭に「ダッチ」という音を焼き付け、それが「後ろに言葉を伴って特別な意味になる」ということを聞き取っていけばよいので、耳慣れない語を恐れることはない。

▶訳

①現代の英語には、「Dutch（オランダの、オランダ人の）」という言葉を用いた表現が数多くあります。②例えば、「Dutch treat（割り勘）」、「Dutch auction（逆競り）」、「Dutch bob（おかっぱ頭）」、「Dutch courage（酒の力を借りた空元気）」、「Dutch door（2段式ドア）」、そして「Dutch uncle（ずけずけと物を言う人）」などです。③これらの表現がどのようにして英語に入ってきたかという歴史は興味深いものです、というのも、特に、アメリカ英語で耳にする「Dutch」の表現の中には、オランダ人とは何の関係もないものがあるからです。④実は、これらの多くの用語はオランダの人々から非常に侮辱的だと見なされており、使われるべきではない言葉です。

⑤「Dutch」関連の表現の多くは、17世紀のイングランドで最初に生み出されました——イングランドとオランダの間で海軍の激しい争いがあった時代です。⑥その結果、「Dutch」の表現は、悪いもの、あるいは卑怯なものを表すために使われたのです。⑦「Dutch agreement」は、酔っ払った人々の間で取り交わされる契約のことでした。⑧「Dutch leave」は、許可を得ずに基地を離れた兵隊を表しました。

⑨これらの古い表現の中には今日でも使われているものがありますが、その意味は少し変化しています。⑩遠い昔、「Dutch treat」は、招待客が自分の分の食べ物や飲み物の代金を支払う想定のディナーのことでした。⑪今では、「Dutch treat」は友人同士が一緒に出掛け、それぞれが自分の分の支払いをする——誰も人におごらないことを意味します。

⑫先ほど言ったように、アメリカ英語で耳にする「Dutch」の表現の中には、オランダ人とは何の関係もないものがあります。⑬ドイツ語では、ドイツ人を意味する言葉は「Deutsch」で、これは英語の「Dutch」とよく似た発音です。⑭その結果、1700年代、アメリカに移住したドイツ人たちは、しばしば誤って「Dutch」と呼ばれたのです。

⑮1850年代のカリフォルニアでは、「Dutch」という用語はオランダから来た人たちのほかに、ドイツ人、スウェーデン人、ノルウェー人を表すのにも使われました。⑯かつて、セオドア・ルーズベルト大統領は、外国のものでイングランド系ではないものはすべて「Dutch」と言われると指摘しました。⑰このようにして、アメリカ英語は「Dutch」という語の入った多くの表現を持つようになったのです。

Comment from Kimutatsu

1問目はDutch treatの意味の変遷を放送から理解し、選択肢のどれがそれに当てはまるかを考えるために少し時間がかかったはず。でも今回はその解き方でいこう。最初に設問を見たときに、「選択肢の違いを1つずつ考えるのは面倒だな。まずは放送を聞いてみるか」と思った人はいいカンをしているよ。試験中はずっと時間との戦いやから、いい意味での「面倒くさがり」が「効率」につながることもある。

これから放送する観光地の宣伝を聞き、(1)〜(4)の問いに対して、それぞれ最も適切な答えを1つ選べ。放送を聞く前に以下の語注と設問に目を通しておくこと。

wildlife：野生生物（/wáildlàif/ **ワ**イLDライF）　ethnic：民族の（/éθnik/ **エ**θ二K）
hub：中心地（/hʌ́b/ **ハ**B）　　　　accommodate：〜に必要なものを提供する（/əkámədèit/ ア**カ**マデイT）
attraction：呼び物（/ətrǽkʃən/ ア**Tラ**Kシャン）　vaccination：ワクチン接種（/væ̀ksənéiʃən/ ヴァ**K**サ**ネ**イシャン）

(1) Which of the following does the speaker say about visiting Kenya?

a) It is a very long trip.

b) It is rather easy.

c) It can be a tough experience.

d) It is anything but safe.

e) It is worth the expense.

(2) Kenya Airlines is mentioned as

a) a very economical airline to use to get to Kenya.

b) the only way to fly between Nairobi and Mombasa.

c) the most convenient airline to go to the countries around Kenya.

d) an example of airlines flying within Kenya.

e) a company based near the Maasai Mara National Reserve.

(3) Which of the following is NOT mentioned as a way to travel inside Kenya?

a) Small minibus.

b) Long-distance bus.

c) Urban subway.

d) Historic train.

e) Special Sunday train.

(4) What advice is given to travelers?

a) Get properly vaccinated before arriving in Kenya.

b) Remain aware of the dangerous wildlife.

c) Fly to Mombasa if you wish to see the Maasai Mara National Reserve.

d) Traveling alone is not recommended.

e) Spring is the best season to see the wildlife.

ここから設問が4つになるよ。
放送文もどんどん長くなって
いくから、気合を入れていこう!

▶スクリプト　🎧 14　🇬🇧

① Come to Kenya! ② Experience its unique world-famous wildlife and wonderful cultures unlike those on any other continent. ③ Home to wild elephants, lions, hippos and cheetahs and homeland of the Kikuyu, the semi-nomadic Maasai and tens of other ancient ethnic groups, a visit to the country is a lifetime experience.

④ (1) A visit to Kenya is easier than you might think. ⑤ You can even receive your visa after you arrive — for a mere $50. ⑥ And once there, you can easily change your American dollars for Kenyan shillings. ⑦ English is widely spoken.

⑧ (2) Along with Kenya Airlines, the country is served by a number of major airlines. ⑨ Nairobi, the capital, and Mombasa are just a flight away from your holiday dream. ⑩ (2) When there, you can travel swiftly and safely from those two major hubs all around this beautiful country with any of a number of convenient and economical airlines. ⑪ Tourist-friendly, many of those airlines will accommodate you by adding flights to meet your needs. ⑫ Make sure to visit the popular Maasai Mara National Reserve or one of our culturally rich local areas. ⑬ Try climbing Mount Kenya. ⑭ Though physically tough, this climb is one of the most rewarding on this planet.

⑮ Travel along the (3) historic train link between Nairobi and Mombasa or catch a (3) Sunday special from Nairobi's magnificent railway station to nearby attractions. ⑯ And, not to be forgotten, you can travel throughout the country on one of its efficient and safe (3) long-distance buses along an excellent network of roads, or you can go completely local and travel with others in a (3) small minibus.

⑰ Health and safety need be of little worry. ⑱ (4) With up-to-date vaccinations from a health professional in advance of your visit, you should have no health issues. ⑲ And with the professional services of our local guides, your personal safety should be of little concern. ⑳ Whether in our towns or on safari, your experience will be safe and memorable.

㉑ Yes, come to Kenya!

②continent：大陸　③hippo：カバ　semi-nomadic：半遊牧民の　ancient：由緒ある　⑤visa：査証　⑥shilling：シリング（ケニアの通貨）　⑨capital：首都　⑩swiftly：素早く　all around 〜：〜の至る所に、〜中に　convenient：便利な　economical：経済的な　⑭physically：肉体的に　rewarding：やりがいのある　⑮magnificent：壮大な　⑱up-to-date：最新の　in advance of 〜：〜に先んじて　⑳memorable：思い出深い

▶解答・解説

(1) Which of the following does the speaker say about visiting Kenya?

（ケニア訪問について、話者が述べているのは次のうちどれか）

a) It is a very long trip.（非常に長い旅である）
b) It is rather easy.（比較的簡単である）
c) It can be a tough experience.（厳しい体験になり得る）
d) It is anything but safe.（安全とは程遠い）
e) It is worth the expense.（費用をかける価値がある）

解説 ④で easier than you might think と言っていることから、b) を選べる。d) の anything but 〜は「〜どころではない」の意。宣伝の中で安全性が数回にわたって述べられているので、これは不適切。

(2) Kenya Airlines is mentioned as

（ケニア航空は＿＿として言及されている）

a) a very economical airline to use to get to Kenya.
（ケニアに行くための非常に経済的な航空会社）
b) the only way to fly between Nairobi and Mombasa.
（ナイロビとモンバサの間を飛ぶ唯一の手段）
c) the most convenient airline to go to the countries around Kenya.
（ケニアの周辺の国々へ行くのに最も便利な航空会社）
d) an example of airlines flying within Kenya.
（ケニア国内を飛ぶ航空会社の例）
e) a company based near the Maasai Mara National Reserve.
（マサイマラ国立保護区の近くに拠点がある会社）

解説 Kenya Airlines に関する設問なので、この名前を待ち構えて聞こう。⑧の文で聞こえてきたら、その続きに注意。ケニア国内の移動についての話が展開されており、⑩の内容から答えが分かる。

(3) Which of the following is NOT mentioned as a way to travel inside Kenya?

（ケニア国内を移動する手段として言及されていないのは、次のうちどれか）

a) Small minibus.（小さなミニバス）
b) Long-distance bus.（長距離バス）
c) Urban subway.（都市部の地下鉄）
d) Historic train.（歴史のある列車）
e) Special Sunday train.（日曜の特別列車）

解説 ⑮以降で、飛行機以外の交通機関について案内がある。選択肢の内容を頭に入れて聞いていくと、⑮と⑯に d)、e)、b)、a) の順に登場するが、c) の「地下鉄」についてはまったく触れられていない。

(4) What advice is given to travelers?

（旅行者たちにどんなアドバイスが与えられているか）

a) Get properly vaccinated before arriving in Kenya.

（ケニア到着前に、適切にワクチン接種を受ける）

b) Remain aware of the dangerous wildlife.

（危険な野生生物を意識しておく）

c) Fly to Mombasa if you wish to see the Maasai Mara National Reserve.

（マサイマラ国立保護区を見たければ、モンバサへ飛ぶ）

d) Traveling alone is not recommended.

（単独での旅行は勧められない）

e) Spring is the best season to see the wildlife.

（野生生物を見るには、春が最高の季節である）

解説 選択肢を頭に入れた上で、全体を聞いて正解を選ぼう。⑱ の文で、a) に相当する内容が述べられている。それ以外の選択肢の内容はどこにも出てこない。

聞き取りのポイントをチェックしよう

Structure 構造　旅行客を呼び込むための案内なので、列挙の表現がたくさん出てくる。個々の内容を理解する必要のないものが多いので、まずは「列挙されている」ということを押さえて聞いていこう。⑩When there は「そこに滞在している時は」という意味。続く you can travel が主語と述語動詞で、swiftly and safely、from ... hubs、all ... country、with ... airlines といった固まりはすべて修飾要素。⑳ の Whether 〜 or ... は「〜であろうと…であろうと」。⑩ も ⑳ も一般的な節の形はしていないが、節のような内容を表している。

Sense 意味　⑯not to be forgotten は「忘れてはならないことだが」という意味の副詞句。⑰「of ＋名詞」が形容詞のように使われるパターン。ここでは be of little worry で「心配はほとんどない」。

Sound 発音　宣伝ならではの抑揚が特徴。1文が長いところもあるが、数語の固まりごとに正確に意味を取っていけるようにしよう。節や「前置詞＋名詞」の固まり、また、スクリプト上ではカンマやダッシュで表現される部分で生じる、音声の「区切れ」や「間」をとらえながら聞くことが重要。

①ケニアへ来てください！ ②ほかのどの大陸とも違う、独特で世界的に有名な野生生物と素晴らしい文化を体験してください。③野生のゾウ、ライオン、カバ、チーターの生息地、キクユ族や半遊牧の民マサイ族ほか何十もの古来の部族のふるさとであり、この国を訪れることは生涯の体験です。

④ケニア訪問は、皆さんの予想より簡単です。⑤ビザさえ、到着後にほんの50ドルで受け取れます。⑥そして、現地に入ってしまえば、アメリカドルをケニアシリングに簡単に両替できます。⑦英語が広く話されています。

⑧ケニア航空と並んで、この国にはたくさんの大手航空会社の便があります。⑨首都ナイロビやモンバサは、夢の休日から飛行機ですぐのところにあります。⑩滞在中は、数ある便利で経済的な航空会社のどれでもお使いいただけますので、これら2拠点から、この美しい国のあちこちを素早く安全に旅してください。⑪観光客に優しいこれらの航空会社の多くは、皆さんのご要望に応えフライトを加えるサービスをしてくれるでしょう。⑫人気のマサイマラ国立保護区や、文化色豊かな地元地域の1つを、ぜひとも訪れてください。⑬ケニア山に登ってみてください。⑭体力的にはきついのですが、この登山は、この地球で最もやりがいのあるものの1つです。

⑮ナイロビとモンバサの間を結ぶ歴史ある鉄道沿いの旅や、ナイロビの壮観な駅から近くの観光名所に向かう日曜特別便のご利用を、ぜひどうぞ。⑯さらに忘れていただきたくないのが、この国の素晴らしい道路網に沿って、効率的で安全な長距離バスのどれかで国中を旅したり、また地元に密着してほかの人々と一緒に小さなミニバスで旅したりできるということです。

⑰健康や安全については、ほとんど心配は不要です。⑱訪問前に保健専門者から最新のワクチン接種を受ければ、何も健康問題は起こらないはずです。⑲また、地元ガイドによるプロのサービスを受ければ、身の安全にほとんど心配はありません。⑳街中でもサファリでも、あなたの体験は安全で思い出深いものになるでしょう。

㉑そうです、ケニアに来てください！

Comment from Kimutatsu

都市や観光地の名前がいろいろ出てきた。でも、設問を見る限り、「この名前は～という文脈の中で挙げられている」という点がつかめてさえいれば、すべてを聞き取って理解する必要はないと分かる。「完璧に聞き取れなくてもいい」という考え方に、そろそろ慣れてきたかな？　ディクテーションをするときも、こういった固有名詞が書き取れないことに落ち込む必要はまったくない。

これから放送するのは、植物の種子を保管する貯蔵庫（seed vault）についての講義である。これを聞き、(1)～(4)の問いに対して、それぞれ最も適切な答えを1つ選べ。放送を聞く前に以下の語注と設問に目を通しておくこと。

vault：貯蔵庫（/vɔ́:lt/ **ヴォ**ーLT）	peril：(差し迫った) 危険（/pérəl/：**ペ**ラL）
crop：作物（/kráp/ K**ラ**P）	doomsday：最後の審判の日（/dú:mzdèi/ **ドゥ**ーMZデイ）
decay：腐る（/dikéi/ ディ**ケ**イ）	sprout：発芽する（/spráut/ SP**ラ**ゥT）

(1) What is the purpose of the Svalbard Global Seed Vault?

a) To develop new varieties of crops.

b) To protect plants in danger of extinction.

c) To secure the food supply against emergencies.

d) To supply seeds to infertile areas across the globe.

e) To give Norway a global economic advantage.

(2) Why is the vault located at its present location?

a) The temperature is favorable for plants to grow.

b) The climate is suitable for seeds to live longer.

c) It is the closest land to the seed-producing area.

d) It is convenient for the countries in need of the seeds.

e) It provides easy access to the North Pole.

(3) The lecturer says that the contents of the vault might be

a) worth $9 million.

b) an engineering challenge.

c) considered to be too expensive.

d) more important than gold.

e) an easy target for organized crime.

(4) What is the rest of the lecture going to be about?

a) The structural design of a particular conservation facility.

b) The importance of protecting the world's agriculture.

c) A Norwegian government plan to reduce global crop failure.

d) An update on an idea begun in the 1980s.

e) How a seed vault is essential for future human existence.

指示文の情報は漏れなく頭に入
れておこう。質問文や選択肢が
長い場合は、その中のキーワー
ドをチェックしておくのがコツだ。

▶スクリプト

① (4)Before we begin discussing the actual architecture of the Svalbard Global Seed Vault, I thought I would first give you a little background. ② The seed vault was an idea that was first proposed by Norway in the 1980s. ③ Of course, most of you are familiar with (1)its purpose, which is to protect the world's food supply against perils such as climate change, nuclear war and other global threats and disasters.

④ If there is ever a major global loss of crops, the vault may be our only opportunity to rescue some varieties and renew agriculture. ⑤ The seeds stored there would only be removed if, as the director of the project once put it, "the worst came to the worst." ⑥ That is why the media has nicknamed this project "The Doomsday Vault."

⑦ The vault is built into the side of a mountain on the Norwegian island Spitsbergen, which is in the Svalbard group of islands. ⑧ This means it is located on some of the closest land to the North Pole — only 1,000 kilometers away. ⑨ (2)This remote area was chosen because temperatures there never rise above zero degrees Celsius, which is the only way the seeds can survive for many years without decaying or sprouting. ⑩ Studies say that most seeds can be stored this way for hundreds of years, and that certain kinds of seeds could even last for thousands. ⑪ The collected seeds come from 223 different countries and territories, and, in time, the project hopes the collection will represent all known crops in the world.

⑫ Having cost approximately $9 million to build, the seed vault is like an agricultural Fort Knox, where the majority of U.S. gold is kept. ⑬ In fact, (3)its contents could be considered even more valuable than mere gold. ⑭ Therefore, the seeds inside are protected by high-security doors and concrete walls a meter thick. ⑮ (4)The building of it into the mountain made it an engineering challenge to construct. ⑯ That challenge is what we will be looking at today.

①architecture：建造物　background：背景　③threat：脅威　disaster：災害　④variety：（ほかと異なる）種　agriculture：農業　⑤store：～を貯蔵する　⑨～ degrees Celsius：セ氏～度　⑪territory：領域　⑫approximately：およそ

▶解答・解説

(1) What is the purpose of the Svalbard Global Seed Vault?
（スバルバール全地球種子庫の目的は何か）

a) To develop new varieties of crops.
（新しい作物の種子を開発すること）

b) To protect plants in danger of extinction.
（絶滅の危機にある植物を守ること）

c) To secure the food supply against emergencies.
（非常時に備えて食料の供給を確保すること）

d) To supply seeds to infertile areas across the globe.
（世界中の不毛な地に種子を供給すること）

e) To give Norway a global economic advantage.
（ノルウェーに、世界経済における優位性を与えること）

解説 ③ の文の its purpose が聞こえたら、その続きに答えに当たる部分が登場すると予期しよう。c) の内容が、ここで述べられていることと一致する。植物を作り出したり保護したりするためではなく、また特定の地域のための施設でもないことから、それ以外の選択肢は排除できる。

(2) Why is the vault located at its present location?
（この貯蔵庫はなぜ、現在の場所にあるのか）

a) The temperature is favorable for plants to grow.
（気温が植物の成長に望ましい［から］）

b) The climate is suitable for seeds to live longer.
（気候が、種子が長持ちするのに適している［から］）

c) It is the closest land to the seed-producing area.
（種子を生産している地域に最も近い［から］）

d) It is convenient for the countries in need of the seeds.
（種子を必要としている国々にとって便利である［から］）

e) It provides easy access to the North Pole.
（北極へのアクセスが容易である［から］）

解説 ⑦ が聞こえてきたら、答えに当たる箇所が近づいていると予測できる。⑨ で This remote area was chosen because（このへき地が選ばれたのは〜だからだ）と言われているので、この直後を聞き取ると、b) が選べる。種子をそのまま保存する貯蔵庫の話なので a) は誤り。他国からはむしろ離れていることが remote から分かるので、c) と d) も除外できる。北極に近いことは ⑧ で述べられているが、北極に行きやすいことが建設地選択の理由ではないので、e) も不適切。

(3) **The lecturer says that** the contents of the vault **might be**

（講師によれば、この貯蔵庫の中身は____かもしれない）

a) worth $9 million. （900万ドルの価値がある）

b) an engineering challenge. （工学的な挑戦）

c) considered to be too expensive. （高すぎると考えられている）

d) more important than gold. （黄金よりも重要）

e) an easy target for organized crime. （組織犯罪にとって格好の標的）

解説　⑬ の文で、d) に相当することが述べられている。選択肢で表現が少し違うものになっているが、ほぼ同じことを表していると素早く見抜こう。⑫ に出てくる $9 million は種子庫自体の建設費を指しているので、a) は誤り。

(4) **What is the rest** of the lecture **going to be about?**

（この講義の残りの部分は、何についてのものになっていきそうか）

a) The structural design of a particular conservation facility.

（ある特定の保存施設の構造設計）

b) The importance of protecting the world's agriculture.

（世界の農業を守ることの重要性）

c) A Norwegian government plan to reduce global crop failure.

（世界の農作物不作を減らすためのノルウェー政府の計画）

d) An update on an idea begun in the 1980s.

（1980年代に始まった構想の更新）

e) How a seed vault is essential for future human existence.

（種子庫が未来の人類の生存にとっていかに不可欠か）

解説　「この後にどんなことが話される予定か」が問われていることに注意。⑭、および ⑮ ⑯ から、この次に種子庫の建物自体や建設技術についての話が続くことが分かる。

聞き取りのポイントをチェックしよう

Structure 構造　⑤as ... put it の部分は「このプロジェクトの責任者が言うには」という意味で、文中に挿入されている。⑨which 以降はその前の節全体、つまり temperatures there never rise above zero degrees Celsius を説明している。

Sense 意味　⑤if the worst comes to the worst で「最悪の事態になったら」を表す。ここでは過去形で使われている。⑪ ここでの represent は「〜を体現する、意味する」。要するに世界中のあらゆる農作物の種子を収集するということ。

Sound 発音　①Svalbard Global Seed Vault は設問にも登場していることから、音声を聞く前にある程度の発音の予測を立てておこう。Svalbard は英語圏の地名ではなく、現地風の発音では最後の d が発音されず「S ヴァ L バー」のようになる。④there is ever の ever が強くなっている。「もしも」という意味を強めているためだ。

▶訳

①「スバルバール全地球種子庫」の実際の建物の話を始める前に、まずは少し背景説明をしようと考えました。②この種子庫は、そもそも1980年代にノルウェーが提案したアイデアです。③もちろんほとんどの皆さんはその目的をご存じですが、気候変化や核戦争、その他の地球規模の脅威や災害といった危険に備えて、世界の食料供給を確保することです。

④もしも大きな地球規模の農作物の喪失が起こったら、この保管庫は、幾つかの種<ruby>種<rt>しゅ</rt></ruby>を救い、農業を再開する唯一の機会となるかもしれません。⑤そこに保管されている種子が取り出されるのは、このプロジェクトの責任者のかつての言によれば「最悪の事態が最悪になった」場合だけです。⑥このため、メディアはこのプロジェクトに「滅亡の日保管庫」とあだ名を付けました。

⑦この保管庫は、ノルウェーのスバルバール諸島にあるスピッツベルゲン島の山腹に建てられています。⑧これはつまり、北極にごく近い場所——わずか1000キロ圏——に位置しているということです。⑨このへき地が選ばれたのは、気温が決してセ氏0度以上にならないからです。これは、種子が腐ったり発芽したりせずに長い間生き延びられる唯一の道なのです。⑩研究によると、ほとんどの種子はこうすれば数百年保管でき、特定の種類の種子であれば数千年も維持できるとのことです。⑪収蔵されている種子は、223のさまざまな国や地域から来たもので、ゆくゆくは、この収蔵が世界中で知られているすべての農作物を体現するものになることを、プロジェクトは期待しています。

⑫建設に約900万ドルがかかっており、この種子庫はさながら農業版フォートノックス（連邦金塊貯蔵庫）のようです。フォートノックスとはアメリカの黄金の大部分が保存されている場所です。⑬実のところ、その中身には金塊よりもずっと価値があると考えることもできそうです。⑭ですから、中の種子は、厳重な扉と1メートルの厚さのコンクリート壁で守られています。⑮山奥に建てたことによって、建設工事は技術的な挑戦となりました。⑯その挑戦を今日これから見ていきましょう。

Comment from Kimutatsu

設問の選択肢では、スクリプトに出てきた表現が別のものに言い換えられていることが多い。「要するにどういうことか」がきちんと理解できているかに加え、語彙力も試されることになる。「話者が何を伝えようとしているか」を意識しながら聞く習慣に加えて、類義語の知識なども付けておこうね。

これから放送する講義を聞き、(1)～(4)の問いに対して、それぞれ最も適切な答えを1つ選べ。

(1) Which of the following best describes the goal of the civil rights movement?

a) The ending of slavery in the United States.
b) Racial equality in the United States.
c) The formation of a separate Black state in the United States.
d) Discrimination in favor of Black people in the United States.
e) A national holiday for Martin Luther King Jr.

(2) According to the lecturer, how did Martin Luther King Jr. and Malcolm X differ?

a) Unlike King, Malcolm X did not rule out violent methods.
b) Unlike King, Malcolm X was not a community leader.
c) Unlike Malcolm X, King did not attend protest marches.
d) Unlike King, Malcom X was not assassinated.
e) Unlike Malcolm X, King spent time in prison.

(3) Why does the lecturer quote some present-day statistics?

a) To show that the situation has improved since the 1960s.
b) To show that Black people commit more crimes than whites in the USA.
c) To show that overcrowding is a problem in the prison system.
d) To show that the police do not end up in prison.
e) To show that the goal of the civil rights movement has not been achieved.

(4) Which of the following statement best matches the lecturer's views of BLM?

a) It has not achieved anything so far.

b) It is using the methods advanced by Malcolm X.

c) It has helped to educate American society on the country's racism.

d) It is not concerned with economic justice.

e) It shares Martin Luther King Jr.'s views of the police.

ここからは語注がなくなるよ。放送文の長さもテスト本番にだんだん近づいてくる。しっかり聞き取ろう！

▶スクリプト

① The civil rights movement is usually described as the 1950s and '60s (1)social movement of Black people in the United States aiming to obtain equal rights for their community under the law. ② You likely know the name Martin Luther King Jr. and may have heard his 1963 "I have a dream" speech. ③ His dream was that of racial equality because, as he pointed out, although slavery had ended 100 years earlier, Black people still suffered (3)discrimination, poverty and injustice. ④ Ending these things was the dream of the civil rights movement.

⑤ (2)King famously preferred nonviolent means to achieve the movement's goals, and he organized and spoke at huge protest marches. ⑥ Other community leaders realized that nonviolence was unlikely to work. ⑦ (2)Malcolm X in particular became associated with a willingness to use violence to achieve freedom and equality "by any means necessary."

⑧ Look up the civil rights movement online and you'll see it popularly described as starting in 1954 and ending in 1968 — the year that Martin Luther King Jr. was assassinated. ⑨ However, this view of the movement as something that happened in the past is misleading. ⑩ It lets people think that the struggle is over. ⑪ Over 50 years after King was assassinated, (3)some relevant and shocking statistics reveal that King's dream is far from realized yet. ⑫ If you are Black, you are five times more likely than a white person to go to prison. ⑬ If you are Black, you are three times more likely to be killed by the police.

⑭ State violence against Black people continues. ⑮ Indeed, the unjustifiable killing of young, unarmed Black men by police, who are rarely found guilty of the murders, led to the social media campaign #BlackLivesMatter (BLM), which began in 2013. ⑯ If nothing else, (4)the BLM movement has made it clear to the comfortable, largely white, middle-class population of the U.S.A. that their country is still deeply racist. ⑰ Although BLM isn't a single organization, the people involved share the goals of economic and social justice for Black people.

①civil rights：公民権　aim to ～：～を目標とする　③racial：人種の　equality：平等　slavery：奴隷制　discrimination：差別　poverty：貧困　injustice：不公平　⑤means：手段　⑦become associated with ～：～と関わるようになる　⑧assassinate：～を暗殺する　⑨misleading：誤解を招くような　⑪relevant：現代的な意味のある　statistics：統計　reveal：～を暴く　⑮unjustifiable：正当化できない　⑯if nothing else：少なくとも　racist：人種差別主義者

※「Black（Bが大文字）」「white（すべて小文字）」という表記法は、AP通信社の基準に従っています。

▶解答・解説

(1) Which of the following best describes the goal of the civil rights movement?

（公民権運動の目的を最もよく説明しているのは次のうちどれか）

a) The ending of slavery in the United States. （アメリカにおける奴隷制の廃止）

b) Racial equality in the United States. （アメリカにおける人種平等）

c) The formation of a separate Black state in the United States.
（アメリカに独立した黒人州を設立すること）

d) Discrimination in favor of Black people in the United States.
（アメリカにおける黒人を優遇した差別）

e) A national holiday for Martin Luther King Jr.
（マーティン・ルーサー・キング・ジュニアを記念した全国的祝日）

> **解説** 冒頭に The civil rights movement が出てくるので、聞き逃さないように注意。① の文の後半で、b) に当たる内容が述べられている。aiming to ～を使った表現が、質問文では the goal を使って言い換えられている。

(2) According to the lecturer, how did Martin Luther King Jr. and Malcolm X differ?

（講師によると、マーティン・ルーサー・キング・ジュニアとマルコムXはどう違っていたか）

a) Unlike King, Malcolm X did not rule out violent methods.
（キングと違って、マルコムXは暴力的手法を除外しなかった）

b) Unlike King, Malcolm X was not a community leader.
（キングと違って、マルコムXはコミュニティー指導者ではなかった）

c) Unlike Malcolm X, King did not attend protest marches.
（マルコムXと違って、キングはデモ行進に参加しなかった）

d) Unlike King, Malcom X was not assassinated.
（キングと違って、マルコムXは暗殺されなかった）

e) Unlike Malcolm X, King spent time in prison.
（マルコムXと違って、キングは刑務所で刑期を過ごした）

> **解説** ⑤ から ⑦ にかけての部分で、キングとマルコム X それぞれの運動の遂行方法が比較されており、前者は preferred nonviolent means、後者は a willingness to use violence と説明されている。なお、このような問題では、あくまで「話者が述べていること」を基に答えを選ぶ必要がある点に注意。

(3) Why does the lecturer quote some present-day statistics?

（講師が現在の統計を幾つか引用しているのはなぜか）

a) To show that the situation has improved since the 1960s.
（1960年代以降、状況が改善していることを示すため）

b) To show that Black people commit more crimes than whites in the USA.
（アメリカの黒人が白人よりも犯罪に関与していることを示すため）

c) To show that overcrowding is a problem in the prison system.

（刑務所制度において過密が問題となっていることを示すため）

d) To show that the police do not end up in prison.

（警官が投獄される結果になることはないと示すため）

e) To show that the goal of the civil rights movement has not been achieved.

（公民権運動の目的が達成されていないことを示すため）

> **解説** statisticsという語を待ち構えて聞いてみよう。⑪ の some relevant and shocking statistics 以降に、e) に当たる内容が登場する。King's dream の内容は、③ の文の終わりから ④ にかけて説明されている。また、⑫ ⑬ で統計の具体的内容が述べられており、ここからも答えを再確認できる。

(4) Which of the following statement best matches the lecturer's views of BLM?

（講師のBLMに関する見解に最も合うものは、次のうちどれか）

a) It has not achieved anything so far. （これまでのところ何も達成してない）

b) It is using the methods advanced by Malcolm X.

（マルコムXが提唱した手法を用いている）

c) It has helped to educate American society on the country's racism.

（アメリカの社会に、同国の人種差別について教えるのに役立ってきた）

d) It is not concerned with economic justice. （経済的な公平さについては関与していない）

e) It shares Martin Luther King Jr.'s views of the police.

（警察に関するマーティン・ルーサー・キング・ジュニアの見解を共有している）

> **解説** BLM が登場するのは ⑮ から最後までの部分。⑯ で c) に相当することが述べられているので、これが正解。If nothing else（少なくとも）で文が始まっていることからも、何らかの達成や前進について述べられると予想できる。

聞き取りのポイントをチェックしよう

Structure
構造

①aiming to 以降は、少し前の movement を後ろから修飾している。③ 代名詞 that はここでは「夢」を指す。また、as he pointed out, は挿入節、although ... earlier, は後半部分の副詞節なので、いったん除いて考えてみると構造がつかみやすい。⑧see it described as ～で「それが～と説明されているのに気付く」。it が目的語で、described 以降が補語に当たる部分。

Sense
意味

⑥ と ⑪ に realize という動詞が使われているが、前者は「～を自覚する、～を実感する」、後者は「～を実現する」という意味である。⑦by any means necessary は「必要とあればどんな手段を行使してでも」ということ。

Sound
発音

⑪some relevant and shocking statistics の部分では、relevant、shocking、statistics という強調したい部分が強く発音されている。また、⑫ と ⑬ では、繰り返される If you are Black, you are 部分のイントネーションに注意。この話し方により、畳み掛けるような効果が強まっている。

▶訳

① 公民権運動は通常、1950年代か60年代にかけての、アメリカの黒人がコミュニティーとして法の下の平等な権利を獲得することを目指した社会運動と説明されます。② あなた方もマーティン・ルーサー・キング・ジュニアの名前を知っているでしょうし、1963年の彼の「I Have a Dream（私には夢がある）」演説を聞いたことがあるかもしれません。③ 彼の夢は、人種の平等という夢でした、というのも、彼が指摘した通り、奴隷制が100年も前に廃止されていたというのに、黒人たちは相変わらず差別や貧困や不公平に苦しんでいたからです。④ こうしたものを終わらせるのが、公民権運動の夢でした。

⑤ キングはこの運動の目的を達成するために非暴力の手段を好んだことで有名で、大規模なデモ行進を組織して演説をしました。⑥ ほかのコミュニティー指導者は非暴力ではうまくいかないだろうと感じていました。⑦ 特にマルコムXは、「必要ならどんな手段を使っても」自由と平等を獲得するとして、暴力の使用に積極的に関わるようになりました。

⑧ 公民権運動についてオンラインで調べてみると、1954年に始まり1968年──マーティン・ルーサー・キング・ジュニアが暗殺された年──に終わったと説明されていることが多いのに気付くでしょう。⑨ ですが、この運動が過去に起きたことであるかのようなこうした見解は、誤解を招きます。⑩ 人々に、苦闘が終わったと思わせてしまいます。⑪ キングが暗殺されて50年以上がたっても、現代社会を反映したショッキングな幾つかの統計が、キングの夢がまだ実現には程遠いことを暴いています。⑫ 黒人である場合、刑務所に入る確率は白人の5倍です。⑬ 黒人である場合、警察官に殺される確率は3倍です。

⑭ 黒人に対する国家的暴力は続いています。⑮ 実のところ、武器も持たない黒人の若者たちが不当に警官に殺害され、その警官たちはめったに殺人で有罪にならないことが、2013年に始まった #BlackLivesMatter（黒人の命にも重さはある、BLM）というソーシャルメディア・キャンペーンにつながりました。⑯ 少なくとも、このBLM運動は、不自由なく暮らす主に白人からなるアメリカの中流層に、自分たちの国が今なお根深い人種差別主義であるとはっきり知らしめました。⑰ BLMは単一の組織ではありませんが、関わっている人たちは、黒人たちの経済的・社会的公平を達成するという目的を共有しています。

Comment from Kimutatsu

今回は1文が長い箇所も多くて、スクリプトを読んでも意味が取りにくいところがあったかもしれない。でも、そういうときこそ音声を何度も聞いて、それをまねて音読練習も繰り返そう。強弱のリズムや間、イントネーションなどから、文の構造や話者の伝えたいことが分かってくるし、英語の文の骨組みを体で覚えることができる。

これから放送するのは藻 (algae) に関する講義である。これを聞き、(1)～(4)の問い
に対して、それぞれ最も適切な答えを1つ選べ。

(1) What does the lecturer assume the students already know?

a) Most algae exist as single-celled organisms.

b) Although algae grow quickly, their oil is problematic.

c) Plant-like bacteria have been ruled out as a source of algae.

d) The potential for algae as a fuel is being researched.

e) Some research into algae has proven to be dangerous.

(2) Which of the following is NOT mentioned as a harmful effect of some algae blooms?

a) They have a bad effect on humans.

b) They cause global warming.

c) They use up lots of oxygen.

d) They kill marine life.

e) They damage the environment.

(3) One company in Seattle

a) converts harmful algae blooms into natural gas.

b) has collected 4,000 tons of harmful algae blooms.

c) has previously grown and studied harmful algae blooms.

d) exports algae by request from Washington state.

e) hopes to convert algae for use in transportation.

(4) Why is removing the algae not considered a perfect solution?

   a) Chemicals are required for their removal.

   b) Harmless algae can be removed, too.

   c) Algae digest pollutants in the water.

   d) The breeding of the algae is boundless.

   e) It increases the use of fertilizers.

指示文の algae は大きなヒント。
まずこの語をしっかり頭に入れ、
集中して聞こう！

▶スクリプト 🎧 17 🇺🇸

① As ocean sciences students, (1)you'll all be aware that the search for new fuels has led some researchers to consider algae, and today we'll look at how things are progressing in this area. ② As you know, the term algae covers thousands of organisms, including single-celled plants as well as kelp and other large plants. ③ Many experts would also include plant-like bacteria in this list.

④ The rapid growth of algae makes these organisms potentially ideal as a source of cheap fuel, and some algae also contain a lot of oils. ⑤ (2)The problem of algae blooms — large dense areas of algae — has no doubt prompted a lot of the current research. ⑥ (2)Harmful algae blooms use up a lot of oxygen and can lead to the death of marine life as well as harming people and the environment. ⑦ Some say that these blooms are a result of global warming since they flourish when water temperatures rise, but their growth is also increased by pollution in the form of nutrients from sewage and in agricultural fertilizers. ⑧ Surprisingly, however, most researchers grow algae rather than take them from nature.

⑨ (3)One company in Seattle has a contract with Washington state to remove algae already growing along coastlines, and it believes its work could help stop harmful algae blooms. ⑩ (3)The algae the company collects — nearly 4,000 kilograms in two harvests so far — are broken down into natural gas and various biochemicals, unlike the algae collected by most companies, which are converted into biofuels for cars or aircraft.

⑪ (4)Critics point out that removing the algae does not remove the problem and say we should focus on the cause of the problem rather than its result — in other words, keep the water free from fertilizers and other pollutants to stop the unnatural blooms. ⑫ Another concern they have about harvesting wild algae is that it's not easy to be sure which blooms are natural and which are a result of human activity. ⑬ (4)Removing the natural blooms could be removing a valuable source of food for sea life.

①ocean science：海洋学　algae：藻、藻類（alga の複数形）　②organism：有機体　single-celled：単細胞の　kelp：昆布　③bacteria：バクテリア、細菌　④potentially：潜在的に　⑤bloom：大量発生、ブルーム　prompt：～を刺激する　⑥oxygen：酸素　⑦flourish：繁茂する　nutrient：栄養　sewage：汚水　agricultural：農業の　fertilizer：肥料　⑨contract：契約　coastline：海岸線地帯　⑩harvest：収穫期（⑫の harvest は動詞で「～を収穫する」）　biochemical：生化学物質　biofuel：バイオ燃料　aircraft：航空機（総称的に用い、通例、単複同形）

▶解答・解説

(1) What does the lecturer assume the students already know?

（講師は、学生たちがすでにどんなことを知っていると想定しているか）

a) Most algae exist as single-celled organisms.

（ほとんどの藻は単細胞の有機体として存在している［こと］）

b) Although algae grow quickly, their oil is problematic.

（藻は急速に成長するが、その油分は問題をはらんでいる［こと］）

c) Plant-like bacteria have been ruled out as a source of algae.

（植物的なバクテリアは藻の供給源からは除外されてきた［こと］）

d) The potential for algae as a fuel is being researched.

（藻の燃料としての可能性が調査されている［こと］）

e) Some research into algae has proven to be dangerous.

（藻に関する研究には、危険性が判明しているものも幾つかある［こと］）

解説 冒頭で As ocean sciences students, と言われているので、その続きに注意。d) に当たる内容が述べられている。be aware が質問文では know に言い換えられている。

(2) Which of the following is NOT mentioned as a harmful effect of some algae blooms?

（一部の藻のブルームが及ぼす害として述べられていないのは、次のうちどれか）

a) They have a bad effect on humans. （人間に悪影響を与える）

b) They cause global warming. （地球温暖化を引き起こす）

c) They use up lots of oxygen. （大量の酸素を消費する）

d) They kill marine life. （海の生物の命を奪う）

e) They damage the environment. （環境に損害を与える）

解説 ⑤ の The problem of algae blooms が聞こえてきたら、この後に解答のカギが登場することを予測しよう。b) 以外の要素は ⑥ の文にすべて含まれている。⑦ の文で blooms について「地球温暖化の結果」だと述べられており、b) は誤りだと分かる。

(3) One company in Seattle

（シアトルのある企業は＿＿）

a) converts harmful algae blooms into natural gas.

（有害な藻のブルームを天然ガスに変換している）

b) has collected 4,000 tons of harmful algae blooms.

（4000トンの有害な藻のブルームを集めている）

c) has previously grown and studied harmful algae blooms.

（以前から有害な藻のブルームを育て、研究してきた）

d) exports algae by request from Washington state.

（ワシントン州の要求に応じて藻を輸出している）

e) hopes to convert algae for use in transportation.

（藻を交通機関での利用に転換したいと望んでいる）

解説 ⑨ の文がまさに One company in Seattle で始まっているので、続く部分を注意深く聞こう。次の ⑩ の文の内容が、a) に相当する。ほかの選択肢にはいずれも講義に登場した語句が用いられているが、述べられている内容とはずれている。b) は kilograms と tons の違いに注意しよう。

(4) Why is removing the algae not considered a perfect solution?

（藻を取り除くことが完全な解決でないと考えられているのはなぜか）

a) Chemicals are required for their removal.

（取り除くために化学物質が必要となる［から］）

b) Harmless algae can be removed, too.

（無害な藻も取り除かれる可能性がある［から］）

c) Algae digest pollutants in the water.

（藻は水中の汚染物を消化する［から］）

d) The breeding of the algae is boundless.

（藻の繁殖には限界がない［から］）

e) It increases the use of fertilizers.

（肥料の使用が増える［から］）

解説 removing the algae を待ち構えよう。⑪ の文にこのフレーズが質問文に近い文脈で登場するので、その続きに注意する。⑬ の文で述べられていることが b) と重なるので、これが正解。ほかの選択肢の内容は、講義では触れられていない。

聞き取りのポイントをチェックしよう

Structure
構造

②including や as well as は列挙の際の定番表現なので、戻り訳をしなくてもすぐ文脈をつかめるようにしておこう。④these organism は algae のこと。そのまま訳すと「藻の成長の速さが、これらの有機体を安価な燃料源として潜在的に理想的なものにしている」となる。⑩ 後半の unlike は「〜と違って」を表す前置詞。which 以下は the algae を先行詞とする関係代名詞節。⑪ 文の主語は Critics で、動詞 point out と say が並列されて使われている。

Sense
意味

②ここでの cover は「〜を対象として含める」という意味で、論説文で出てくることの多い使い方。⑤no doubt は「疑いなく」。⑩biofuel は「生物燃料」とも言われ、ガソリンなどの化石燃料ではなく植物などから得ることのできる燃料のこと。

Sound
発音

⑦の are a result や、⑪ の than its result といった部分は、音がつながって聞こえる。音声を聞いて自分でも同じように発音してみる習慣を付けておくと、こうした箇所の聞き取りにも強くなる。

①海洋学の学生である皆さんは、新燃料の探索に端を発して一部の研究者が藻を検討するに至ったことを知っているでしょう、そこで今日は、この分野で状況がどう進んでいるか見てみます。②ご存じの通り、「藻」という用語は、単細胞植物や昆布のような大型の植物まで含む数千種類もの有機体をも対象にしています。③植物的なバクテリアまで藻のリストに加える専門家も大勢います。

④藻は、その成長の早さのため、安価な燃料源として理想的な有機体となる可能性を持ち、さらに、一部の藻には油分も多く含まれています。⑤藻のブルーム——藻の大規模な密集域——の問題が、現在の研究の多くを促進したのは間違いありません。⑥有害な藻のブルームは、多くの酸素を使い切って海の生き物を死に至らしめるばかりか、人間や環境にも害を及ぼします。⑦水温が上がるとよく育つことから、こうしたブルームが地球温暖化の結果であると言う人もいますが、藻の成長は、下水からの栄養という形や農業用肥料による汚染によっても拍車がかかります。⑧意外なことに、それでもほとんどの研究者たちは、藻を自然から採取するのではなく、育てています。

⑨シアトルのある企業は、ワシントン州と契約を結んで、海岸沿いにもともと生育している藻を除去しており、その仕事が有害な藻のブルームを食い止めるのに役立っていると考えています。⑩その企業が採集する藻——これまで2度の刈り取りで4000キロ近く——は、天然ガスや各種の生化学物質に分解されるのですが、これは、自動車や航空機のバイオ燃料に転用される、大半の会社が採集する藻とは異なります。

⑪批判的な人々は、藻を取り除いても問題の解決にはならないと指摘し、結果よりも問題の原因に焦点を絞るべきだと言います——つまり、人為的なブルームを食い止めるためにも、水に肥料などの汚染物質が流入しないようにすべきだと。⑫野生の藻の刈り取りに関するもう1つの懸念は、どのブルームが天然でどれが人間活動の結果なのか、はっきりさせるのが容易でないことです。⑬天然のブルームを取り除いてしまうと、海の生き物の貴重な食料源を奪うことにもなりかねません。

Comment from Kimutatsu

友達2人が、君の詳しくない分野の話題で盛り上がっているとしよう。理解できない言葉が出てきても、「○○っていう人はかっこいいんだ」「△△っていうのは店の名前かな」と予測をしながら聞くはず。それは英語でも同じこと。設問に harmful effect of some algae blooms とあったら、「algae bloom って何のことか知らないけど、害を及ぼすんだ」と考えることが大事なんや。

これから放送する講義を聞き、(1)～(4)の問いに対して、それぞれ最も適切な答えを1つ選べ。

(1) Which of the following is true about the sport of lacrosse?

a) European settlers brought the sport to North America.
b) The Iroquois people refused to teach the sport to Europeans.
c) People in Europe originally played it to settle disagreements.
d) It had hundreds of different rules.
e) The Iroquois believed the sport was good training for war.

(2) What does the lecturer say about the original version of lacrosse?

a) It was played with fewer players.
b) It was more dangerous than it is today.
c) It had a stick but no ball.
d) It was played indoors.
e) It had only one goal on the field.

(3) Why does the lecturer mention William George Beers?

a) He created lots of the modern rules for lacrosse.
b) He took the sport to many other countries.
c) He was the first European to play the sport with the Iroquois.
d) He made lacrosse illegal in the city of Montreal.
e) He established the first lacrosse association.

(4) The lecturer says that lacrosse stands out because

a) it is a case where an Iroquois tradition was adopted by Europeans.

b) its rules are more complicated than other ball sports.

c) its history was unknown until quite recently.

d) it has been played longer than most other sports.

e) it is an example of the Iroquois accepting a European custom.

講義の問題では、このように、指示文に内容や設定の説明がほとんどないことも多い。質問文と選択肢にあらかじめ目を通してヒントを得ることが、一層重要になってくるよ。

▶スクリプト 18

① The history of lacrosse is one of the few examples where European settlers respected a tradition of North American indigenous people. ② The original version of lacrosse was a sport mainly played by the Iroquois people, hundreds of years before the Europeans ever arrived. ③ (1)For the Iroquois, lacrosse was more than a sport; it was often played to settle arguments between different tribes. ④ (1)It was also considered excellent training for war because it could be played with hundreds of people on each team.

⑤ The goals in these games might be several kilometers apart. ⑥ This means the players had to battle hundreds of other players just to get a single goal. ⑦ (2)It was, in a way, (2)a simulation of war, and (2)the lacrosse stick was used as much as a weapon as it was to carry the ball. ⑧ Players felt that there was honor in the struggle to play and honor in (2)being injured during the game.

⑨ European settlers were intrigued by the sport. ⑩ The local people called it by other names, but French settlers believed that the stick, with its oval net, looked a little like the staff carried by a bishop in church. ⑪ In French, this staff is called a "crosse," and so, over time, settlers began to call the game lacrosse.

⑫ (2)Today, of course, it is no longer played with hundreds of people. ⑬ (2)Nor is it quite so dangerous. ⑭ In the mid to late 1800s, various official lacrosse associations were created by European settlers. ⑮ It was particularly popular in the city of Montreal, where a man named (3)William George Beers established many of the rules people still play by today.

⑯ So, (4)was this sport taken and adopted by white settlers? ⑰ Yes, of course. ⑱ But when I say it was respected, I mean that the sport is still widely recognized as a Native American sport. ⑲ Not only that, but Native teams still play and are very strong. ⑳ At a time when settlers were trying to force Native Americans into European culture, (4)lacrosse stands out as an example of a Native tradition being welcomed by Europeans.

---

①lacrosse：ラクロス settler：入植者 indigenous：先住の ③tribe：部族 ⑦simulation：シミュレーション、模擬実験 ⑧injure：〜にけがをさせる ⑨intrigue：〜の興味を引き付ける ⑩oval：楕円形の staff：つえ bishop：司教 ⑭association：協会 ⑳stand out：傑出する

▶解答・解説

(1) Which of the following is true about the sport of lacrosse?
（ラクロスというスポーツに関して正しいのは次のうちどれか）

a) European settlers brought the sport to North America.
（ヨーロッパからの入植者が、このスポーツを北アメリカに持ち込んだ）

b) The Iroquois people refused to teach the sport to Europeans.
（イロコイ族はこのスポーツをヨーロッパ人に教えるのを拒否した）

c) People in Europe originally played it to settle disagreements.
（ヨーロッパ人はもともと、意見の相違を調停するためにこれをプレーしていた）

d) It had hundreds of different rules.
（何百もの異なるルールがあった）

e) The Iroquois believed the sport was good training for war.
（イロコイ族は、このスポーツがよい戦闘訓練になると考えていた）

解説 最初の設問なので初めの方に答えに当たる部分があるのではないかと予想し、前半を特に注意深く聞こう。③④の文から、e) が正解。excellent が e) では good に言い換えられている。

(2) What does the lecturer say about the original version of lacrosse?
（講師はラクロスの原形についてどんなことを述べているか）

a) It was played with fewer players. （より少人数の選手で行われていた）

b) It was more dangerous than it is today. （現在のものよりも危険だった）

c) It had a stick but no ball. （スティックはあったがボールはなかった）

d) It was played indoors. （室内で競技された）

e) It had only one goal on the field. （フィールドにゴールが1つしかなかった）

解説 ⑦⑧の文で、ラクロスが「武器でもあるスティック」を使う「戦争のシミュレーション」であり、「試合中にけがを負うことがあった」と述べられ、また⑫⑬で、「今日ではそれほど危険でない」と伝えられているので、答えは b)。Nor is it quite so dangerous. の聞き取りと理解がカギ。

(3) Why does the lecturer mention William George Beers?
（講師はなぜ、ウィリアム・ジョージ・ビアーズに言及しているのか）

a) He created lots of the modern rules for lacrosse.
（彼が現代ラクロスの多くのルールを作った［から］）

b) He took the sport to many other countries.
（彼がほかの多くの国にこのスポーツを持ち込んだ［から］）

c) He was the first European to play the sport with the Iroquois.
（彼がイロコイ族と一緒にこのスポーツをした初めてのヨーロッパ人だった［から］）

d) He made lacrosse illegal in the city of Montreal.

（彼がラクロスをモントリオール市では違法なものとした［から］）

e) He established the first lacrosse association.

（彼が最初のラクロス協会を設立した［から］）

解説 William George Beers という人名を待ち構えながら聞こう。⑮ の後半で、この名前の直後に、a) に当たる内容が述べられている。

(4) The lecturer says that lacrosse stands out because

（講師が言うには、ラクロスが際立っている理由は＿＿からである）

a) it is a case where an Iroquois tradition was adopted by Europeans.

（イロコイ族の伝統がヨーロッパ人たちに取り入れられた事例だ）

b) its rules are more complicated than other ball sports.

（ルールがほかの球技よりも複雑だ）

c) its history was unknown until quite recently.

（その歴史がつい最近まで知られていなかった）

d) it has been played longer than most other sports.

（ほかの多くのスポーツよりも長い間行われてきた）

e) it is an example of the Iroquois accepting a European custom.

（イロコイ族がヨーロッパの慣習を受け入れた例だ）

解説 lacrosse stands out がキーワード。⑳ の後半にまったく同じ表現が登場し、「先住民の伝統がヨーロッパ人に歓迎された例として」と続いている。これまでの部分で先住民は具体的にはイロコイ族だということも分かるので、a) が正解。また、a) にある was adopted by Europeans とほぼ同じことが ⑯ ⑰ で述べられており、この部分を聞きながら話の流れや正解を予測することもできる。

聞き取りのポイントをチェックしよう

Structure
構造

① と ⑮ に出てくる where は関係副詞で、先行詞はそれぞれ直前の the few examples と the city of Montreal。⑮ は非制限用法。⑳ に出てくる when も、直前の a time を先行詞とする関係副詞。

Sense
意味

① をはじめ全体にわたって登場する settler は「入植者」、③ に出てくる settle は「（争いなど）を解決する、落ち着かせる」の意。⑫ ⑬ には、いずれも not を使わない否定表現が登場する。⑫ の no longer ～は「もはや～ではない」、⑬ の Nor is it ～は先行する否定語を受けて「それはまた～でもない」を表す。

Sound
発音

⑦ は、固まりごとに区切りながら話し始め、and 以降がだんだん早くなり、音のつながりも多くなっている。こうしたリズムにも慣れておこう。⑯ ⑰ のような自問自答は、講義やスピーチ、プレゼンテーションなどでよく使われる。⑰ の Yes, of course. の、聞き手を引き付けるイントネーションにも注意。

① ラクロスの歴史は、ヨーロッパからの入植者が北米先住民の伝統に敬意を表した数少ない例の1つです。② ラクロスの原形は、主にイロコイ族が、ヨーロッパ人が到達する数百人も前から行っていたスポーツでした。③ イロコイ族にとって、ラクロスは単なるスポーツ以上のもので、異なる部族間の争いを収めるために行われることもよくありました。④ また、各チーム数百人で戦うことができたので、優れた戦闘訓練とも見なされていました。

⑤ こうした試合のゴールは数キロ離れていることもありました。⑥ これはつまり、たった1回のゴールを決めるために、選手はほかの数百人の選手たちと戦わなければならなかったということです。⑦ それは、ある意味で戦争のシミュレーションであり、ラクロスのスティックは、ボールを運ぶためのものであると同時に武器でもありました。⑧ 選手たちは、プレーの苦労には名誉が伴い、試合中にけがを負うことにも名誉が伴うと感じていました。

⑨ ヨーロッパからの入植者たちはこのスポーツに興味を引かれました。⑩ 現地の先住民はこれを別の名前で呼んでいましたが、フランスからの入植者は、楕円形のネットの付いたスティックが教会の司教の持つつえに少し似ていると思いました。⑪ そのつえがフランス語でcrosse と呼ばれていたことから、時がたつにつれ、入植者たちはこのゲームを lacrosse（ラクロス）と呼ぶようになりました。

⑫ 現在ではもちろん、数百人でプレーすることはもうありません。⑬ それほどひどく危険でもありません。⑭ 1800年代半ばから後半にかけて、ヨーロッパからの入植者によってさまざまな公式ラクロス協会が創設されました。⑮ 特にモントリオール市で人気があり、その地のウィリアム・ジョージ・ビアーズという男性が、人々が現在でもプレーしているルールの多くを確立させました。

⑯ では、このスポーツは白人入植者によって選ばれ取り入れられたのでしょうか。⑰ もちろんその通りです。⑱ ただ、私がそれについて「敬意を表された」と言うのは、このスポーツが、アメリカ先住民のスポーツとして今も広く認識されているという意味です。⑲ それだけでなく、先住民のチームが現在もプレーしていて、とても強いのです。⑳ 入植者たちが北米先住民にヨーロッパ文化を強要していた時期に、ラクロスは先住民の伝統がヨーロッパ人に歓迎された例として際立っています。

 Comment from Kimutatsu

関係詞の非制限用法は「カンマの有無」で判断すると教わったはず。でも、音声にはもちろん「カンマ」があれへん。ちょっとした「間」があるくらいやねんね。でも、「で、その〜っていうのは……」と付け足すのが関係詞の役割なんやから、何の用法であろうと語順の通り聞き取っていけばええねん。そういった意識を持って、もう一度音声をじっくり聞き、音読してみてほしいな。

これから放送する Franco と Michelle の会話を聞き、(1)~(4)の問いに対して、それぞれ最も適切な答えを1つ選べ。

(1) Which of the following best describes Franco's view of billionaire space travel?

a) It is a sign of human progress.
b) It is the first step toward colonizing space.
c) It is a step backward for humanity.
d) It shows that humans always want to explore.
e) It should be taxed more heavily.

(2) What is mentioned as a reason for the planet being destroyed?

a) Not enough investment in fossil fuel technology.
b) Green technology being too expensive.
c) The failure to establish space colonies.
d) Corporations avoiding paying tax.
e) Too much money being spent on old technology.

(3) Franco believes more money could be spent on

a) decadent pleasures and schools.
b) infrastructure and eco-friendly technology.
c) flood defenses and disaster forecasts.
d) firefighting and security services.
e) new businesses and resources development.

(4) Choose the most suitable ending to Michelle's sentence: "If we don't act now ..."

a) we won't be able to stop climate change.

b) the time to change the government will pass.

c) climate breakdown will slow down.

d) the wildfires will spread from Siberia.

e) we will have to set up space colonies.

設問から、2人が各々の考えを述べ合っていることが予想できる。選択肢に目を通した上で、主張の展開を追っていこう。

▶スクリプト　 19　Franco 　Michelle

Franco: ①Hey, Michelle, have you read that article for homework yet? ②The one about ⑴the richest man in the world, Joe Peso, going into space?

Michelle: ③Yeah, I did. ④It was kinda cool ... I guess. ⑤He wants to set up a colony in space, doesn't he? ⑥Personally, I don't want to go into space, but ⑴I suppose it's a sign of human progress.

Franco: ⑦Uh, ⑴I think it's exactly the opposite.

Michelle: ⑧How come, Franco?

Franco: ⑨You know — climate breakdown. ⑩The world is rapidly being destroyed by the excessive burning of fossil fuels and yet here we have the richest men in the world, billionaires, wastefully burning up even more fossil fuels to escape from ⑵the planet they're already destroying.

Michelle: ⑪How are they destroying it?

Franco: ⑫⑵All of the giant corporations are destroying it — by avoiding tax. ⑬That's part of their business model. ⑭Did you know that Joe Peso's South Forest doesn't pay any corporation tax in the EU or the United States? ⑮In percentage terms, they pay less tax than you or me, on billions of profits.

Michelle: ⑯No! ⑰Really?

Franco: ⑱Really. ⑲And ⑶all the money they spend on their decadent pleasures is money that should be paying for our health services, education, the roads their trucks drive on and, of course, the new green technology that we need to combat climate breakdown.

Michelle: ⑳Climate change is scary, isn't it? ㉑⑷People have been saying, "If we don't act now ..." for decades, but climate change is here now, and still no one in government seems to be making any changes that are going to stop it. ㉒My hometown has been flooded twice in the last 12 months. ㉓And there seem to be wildfires raging on every continent. ㉔Have you seen that one in Siberia?

Franco: ㉕Yeah, that is so frightening! ㉖It's unbelievable. ㉗They're so massive.

Michelle: ㉘I read that the fires there are bigger than all the other ones on the earth put together — over 60,000 square miles of land have been burned. ㉙And in Canada, they recorded record high temperatures —

over 50 degrees. ㉚ In Canada!

Franco: ㉛ **Exactly, and yet Peso says he's going to save us all by spending all our money on sending himself into space.**

④kinda：ちょっと（＝ kind of) ⑤colony：植民地 ⑨breakdown：破綻 ⑩excessive：過剰な fossil fuel：化石燃料 billionaire：億万長者 ⑮in percentage terms：割合の点では ⑲decadent：豪華絢爛な green：環境に優しい combat：〜と闘う ㉓rage：荒れ狂う ㉗massive：大規模な

▶ 解答・解説

(1) Which of the following best describes Franco's view of billionaire space travel**?**
（億万長者の宇宙旅行に対するフランコの見解を最もよく説明しているのは、次のうちどれか）

a) It is a sign of human progress.（人類の進歩のしるしである）

b) It is the first step toward colonizing space.
（宇宙の植民地化へ向けての第一歩である）

c) It is a step backward for humanity.
（人類にとっては一歩後退である）

d) It shows that humans always want to explore.
（人間が常に探検を欲していることを示している）

e) It should be taxed more heavily.
（それにはもっと重い税を課すべきである）

解説 ② でフランコが「世界一の大金持ちの宇宙行き」を話題にすると、ミシェルが ⑥ の後半で I suppose it's a sign of human progress. と感想を述べている。それに対しフランコが ⑦ で I think it's exactly the opposite. と反論しているので、c) が正解。a) はミシェルの見解である。

(2) What is mentioned as a reason for the planet being destroyed**?**
（地球が破壊されつつあることの理由として挙げられているのは、どんなことか）

a) Not enough investment in fossil fuel technology.
（化石燃料テクノロジーへの投資が不十分なこと）

b) Green technology being too expensive.
（グリーン・テクノロジーは費用がかかり過ぎること）

c) The failure to establish space colonies.
（宇宙コロニー設立の失敗）

d) Corporations avoiding paying tax.
（税金の支払いを回避している企業）

e) Too much money being spent on old technology.
（旧弊なテクノロジーに費やされるお金が多額すぎること）

解説 キーワードは the planet と destroy。これらを待ち構えよう。the planet は「地球」のこと。⑩ の文の初めの方と末尾に destroy が繰り返して使われており、「億万長者が地球を破壊している」というフランコの主張が述べられている。その後 ⑫ で d) に当たることに触れている。「巨大企業の税金逃れが世界や地球の状況を劣悪にしている」ということ。

(3) Franco believes more money could be spent **on**

（フランコの考えでは、[本来なら] ＿＿＿ にもっとお金を使えるだろう）

a) decadent pleasures and schools.

（ぜいたくな楽しみや学校）

b) infrastructure and eco-friendly technology.

（インフラや環境に優しい技術）

c) flood defenses and disaster forecasts.

（洪水防止や災害の予報）

d) firefighting and security services.

（消防や警備サービス）

e) new businesses and resources development.

（新しいビジネスや資源開発）

解説 money と spent (spend) を待ち構えよう。⑲ でフランコの考えが展開されている。all the money they spend ... pleasure の部分で、「現実に」億万長者が何にお金を使っているか、money that should 以降で、「本来なら」何に使われるべきかを述べている。諸々の社会的基盤とグリーン・テクノロジーが挙げられているので、b) が適切。問題文の could は仮定法のニュアンスで用いられており、more money の前に if the corporations didn't avoid paying taxes（もしも企業が納税を回避しなければ）などを補って考えることができる。

(4) Choose the most suitable ending **to Michelle's sentence:** "If we don't act now ..."

（ミシェルの言った「今すぐ行動しないと……」という文の、最も適した終わり方を選べ）

a) we won't be able to stop climate change.

（気候変動を止めることができなくなるだろう）

b) the time to change the government will pass.

（政府を変えるべき時が過ぎて行ってしまうだろう）

c) climate breakdown will slow down.

（気候変動危機のスピードが遅くなるだろう）

d) the wildfires will spread from Siberia.

（山火事がシベリアから広がるだろう）

e) we will have to set up space colonies.

（宇宙コロニーを設立しなければならなくなるだろう）

聞き取りのポイントをチェックしよう

Structure
構造

⑩ の文の and 以下は、we have the richest men in the world にさまざまな修飾要素が足されて長くなっている。billionaires は下線部の同格(言い換え)の語として挿入されており、また wastefully 以降は下線部を後ろから修飾している。

Sense
意味

④ の kinda(ちょっと)、cool(素敵な)など、口語表現がたくさん出てくる。kinda(= kind of)は言葉をぼかす際に使われる。⑧ の How come? は Why? と同じ意味で、「なぜ?」を表す。⑯ この No! は驚きを表す。㉛ の our money は、ここでは「僕らのために使われるはずのお金」といった意味で使われている。

Sound
発音

㉑ 文末の it はごく軽く発音されている。㉔ の Siberia /saibíəriə/ は日本語の「シベリア」とは異なる発音。地名にはそうしたものが多いので注意が必要。

▶訳

フランコ:①ねえミシェル、宿題用の記事はもう読んだ?②世界一の大金持ちジョー・ペソの、宇宙行きの話だけど?

ミシェル:③うん、読んだ。④なんかいいな……って思う。⑤彼は宇宙にコロニーを設立したいんでしょ?⑥個人的には宇宙に行きたくはないけど、たぶん人類の進歩のしるしではあるでしょうね。

フランコ:⑦へえ、僕はまったく正反対の意見だな。

ミシェル:⑧どうして、フランコ?

フランコ:⑨それはさ——気候変動危機だよ。⑩世界は化石燃料を過剰に燃やしたせいで急速に破壊されつつある、なのに、世界一の金持ちたち、つまり億万長者たちが、さらに化石燃料を無駄に燃やして、自分たちがすでに破壊しかけているこの地球から逃げ出そうっていうんだから。

ミシェル:⑪彼らが破壊しているって、どういうこと?

フランコ:⑫巨大企業はどれも破壊に加担している——税金逃れをして。⑬それは彼らのビジネスモデルの一部になってるんだ。⑭ジョー・ペソのサウス・フォレスト社がヨーロッパでもアメリカでも法人税を払ってないって知ってた?⑮割合で言うと、彼らは君や僕より少ない税金しか払っていないんだ、大金を稼いでおきながら。

ミシェル:⑯まさか!⑰本当に?

フランコ:⑱本当だよ。⑲だから、彼らがぜいたくな楽しみに使っているお金は、医療サービスや教育、彼らのトラックが走る道路、そしてもちろん、気候変動危機と闘うために必要な、新しいグリーン・テクノロジーに使うべきお金なんだ。

ミシェル：⑳ 気候変動って怖いよね。㉑「今すぐ行動しないと……」って何十年間も言われ続けてきたけど、それでも気候変動は今ここで起こっているし、政府の誰もそれを止めるために何かを変えようとはしていないみたい。㉒ 私の故郷はこの12カ月の間に2度も洪水に見舞われたの。㉓ それに、どの大陸でも山火事が猛威を振るっているみたいだし。㉔ シベリアのあの山火事、見た？

フランコ：㉕ うん、あれはすごく恐ろしい！㉖ 信じられないくらいだ。㉗ すごく大規模で。

ミシェル：㉘ あそこで起きている火事は、地球上のほかの場所で起きているものを全部合わせたより大きいっていうのを読んだわ——6万平方マイルを超える土地が焼けたんだって。㉙ それから、カナダでは史上最高気温が記録された——50度以上。㉚ カナダで！

フランコ：㉛ まったくだよ、それなのにペソは、自分が宇宙に行くことに僕らのお金を全部使うことで、僕らみんなを救うだなんて言うんだからね。

Comment from Kimutatsu

後半の2つの設問は「文を完成させる問題」という点で共通しているけど、実は「話者が伝えようとしていることをきちんと理解しているか」が問われている点でも共通する。「この人の主張や真意は何か」「何のためにこの話をしているのか」といったことを整理しながら聞く習慣を付けておこう。

コラム「Kimutatsu's Cafe」では、
キムタツ先生のお知り合いの先生方に話を伺います。

会話もリスニングもキャッチボール。
しっかり心で受け止めよう

小田切佳代子先生（ODAGIRI, Kayoko）大阪府立北野高等学校 元教諭※

　随分前のことですが、英語を聞いたり話したりするのに自信がつき始めた頃、隣の席のネイティブスピーカーの先生とよく英語で話していました。話題はいろいろで、会話に熱が入ってくると、相手の英語は速くなるし、専門用語もポンポン飛び出してくるし、何を言っているのか全然わからなくなる時もありました。でも、すぐに切り返せないと自分が情けないし、間を空けたら話の腰を折るようで気も引けるので、とにかくわかったふりをして、そのまま適当に相づちを打ったり、とんちんかんな受け答えをしたりしてやり過ごしていました。すると、楽しいキャッチボールとしての会話が、ちっとも楽しくなくなってくるのです。「話を聞いていないな」と相手に思われ、不信感も募る気がしてきます。

　ある時、「聞き取れているふり」に疲れてしまい、わからなければ聞き返したり、即答が難しい時は間を取って考えたりすることにしました。そうすると、「すぐに話さなければ」というストレスがなくなり、相手の方は、私が理解しやすいように簡単に言い換えてくれたり、追加の情報を与えてくれたりするようになりました。その結果、時間がかかってもきちんと受け答えができるようになり、かえってお互いの理解が深まったような気がしました。

　もちろん、これは会話の相手が目の前にいて、相手が私のその時の状況を理解・予測してくれる状況だからできたことです。大学入試の場合は、待ったなしでどんどん英語が流れていきますね。しかし、どんな聞き取りの問題にも必ず状況設定があり、その多くは日常生活や大学、番組などです。そこにはささやかなドラマがあり、展開の予測がしやすい場合もあります。そんなとき、ちょっと先を予測しながら聞くようにすると、聞き取りも楽になるものです。

　例えば、大学の事務局で、スタッフと学生が教科登録について話している設定の問題なら、「学生は困っている様子だな、何か不都合が？→登録を間違えたか締め切りに遅れたか？→教授の研究室と言ってるけど、直接交渉しろってことかな？」のように、予測や想像をしながら聞いてみましょう。負荷がちょっと軽くなり、冷静にもなれるので緊張や焦りが減らせます。少なくとも、「頭が真っ白！」という事態は防ぐことができるのではないでしょうか。

　もちろん、受験生の皆さんにとってこれは決して簡単なことではないでしょう。でも、聞き取りも相手とのキャッチボールのようなつもりで、日々誠実に英語の音たちと向き合ってほしいと思います。

※現在は同校非常勤講師。

これから放送する Ann と Ted の会話を聞き、(1)～(4)の問いに対して、それぞれ最も適切な答えを1つ選べ。

(1) Who bothered Ted while he was watching the play?

a) A woman in front of him.

b) Women chatting to each other.

c) A child next to him.

d) Punks in the front row.

e) Young people behind him.

(2) Which of the following is NOT true about the main character of the play?

a) He receives a lot of money and becomes rich.

b) He gets deceived by his financial advisor.

c) His house burns down because of an accident with candles.

d) He moves to a small town alone and takes a job.

e) His son marries the mayor's daughter.

(3) What did Ted and Ann agree on regarding the play?

a) The performers were good.

b) The casting was not good enough.

c) The plot elicited sympathy.

d) The script reflected reality.

e) The theater had poor air conditioning.

(4) How does Ann react to Ted's invitation to a play scheduled for the following week?

a) She is keen to go.

b) She likes the idea but cannot go.

c) She is not enthusiastic but intends to go.

d) She cannot understand why he chose it.

e) She refuses to go with him.

今回も2人の会話を聞いて答える問題。設問を見る限り、play が話題のようだ。テンポよく話が展開するので、集中して聞こう。

▶スクリプト 🎧 20 Ann Ted

Ann: ① So, what did you think of the play, Ted?

Ted: ② Well, I didn't think it was very credible. ③ At least not what I could see of it. ④ I mean, ⑴the lady in front of me with the punk hairdo kind of blocked my view.

Ann: ⑤ Come on, you're exaggerating. ⑥ Her hairdo wasn't that bad. ⑦ But why didn't you think the play was believable? ⑧ *The Family of Smithfield* is a pretty popular play.

Ted: ⑨ Well, I found the events rather unreal. ⑩ ⑵A rich man's financial advisor cheats him, and he loses most of his wealth. ⑪ Then, to survive, ⑵he moves his family to a small town and takes a job, but the town mayor suddenly doesn't like him and causes trouble for him at work. ⑫ Then his eldest son runs away and can't be found. ⑬ Then there's a violent storm that damages his house. ⑭ And when ⑵he moves to another house, it burns down because his daughter was playing with candles.

Ann: ⑮ But those kinds of things can happen in the real world. ⑯ You hear about bankers doing bad things to their customers all the time, and we all know that elected officials can be corrupt. ⑰ And family happenings and nature, well, they're unpredictable, right?

Ted: ⑱ Well, yes, but at the end of the play, ⑵the man suddenly inherits a lot of money and he's rich again, ⑵his son comes back and marries the mayor's daughter, and everybody's happy. ⑲ Give me a break.

Ann: ⑳ ⑶Well, the actors were pretty good, though, don't you think? ㉑ I mean, they were able to project some sense of reality into their roles, especially that they suffered from all the things that had happened to them.

Ted: ㉒ ⑶Hmm, I suppose when they were sad, I felt sad, and when they were happy, I felt that, too. ㉓ The performers did make us feel for the characters. ㉔ Say! ㉕ ⑷There's a *Wild Ducks* performance next week. ㉖ Do you want to go see it?

Ann: ㉗ I don't know. ㉘ I heard that that's about the tragic life of a family during violent political and social changes in their country.

Ted: ㉙ But, Ann, don't you think those things happen in the real world, too?

Ann: ㉚ ⑷OK, OK. ㉛ I guess there's no way out.

①play：演劇 ②credible：信じられる、本当らしい ④punk：パンクロックの hairdo：髪型 ⑤exaggerate：誇張する ⑩financial advisor：投資アドバイザー cheat：～をだます ⑯banker：銀行家 customer：顧

客 official：役人　corrupt：不正な、買収された　⑰unpredictable：予言できない　⑱inherit：〜を相続する
㉑project：〜を示す　㉓performer：演者　feel for 〜：〜に同情する　㉘tragic：悲劇の　violent：暴力的な
㉛there is no way out：逃げ道がない

▶解答・解説

(1) Who bothered Ted while he was watching the play?

（テッドが劇を見ていた時、困らせたのは誰か）

a) A woman in front of him.（彼の前の女性）

b) Women chatting to each other.（おしゃべりをする女性たち）

c) A child next to him.（彼の隣席の子ども）

d) Punks in the front row.（最前列のパンクロッカーたち）

e) Young people behind him.（彼の背後の若い人たち）

> **解説** 最初の問題なので、会話の初めの方に特に注意してみよう。④ で、前の席にいた女性の髪に視界を遮られた話をしており、a) が正解。

(2) Which of the following is NOT true about the main character of the play?

（劇の主人公について正しくないのは次のうちどれか）

a) He receives a lot of money and becomes rich.

（大金を受け取って金持ちになる）

b) He gets deceived by his financial advisor.（投資アドバイザーにだまされる）

c) His house burns down because of an accident with candles.

（家がろうそくによる事故で全焼する）

d) He moves to a small town alone and takes a job.

（小さな町に1人で引っ越して職を得る）

e) His son marries the mayor's daughter.（息子が市長の娘と結婚する）

> **解説** 5つのうち4つは正しいはずなので、選択肢に目を通しておき、聞こえた順に消していこう。どの選択肢に含まれる語句もテッドの発言（⑩ ⑭ ⑱）に登場するが、⑪ によると、彼は一家で引っ越した町で仕事を得ているので、d) が内容と合わない。

(3) What did Ted and Ann agree on regarding the play?

（劇について、テッドとアンの意見が一致したのはどんなことか）

a) The performers were good.（役者たちがよかった）

b) The casting was not good enough.（配役があまりよくなかった）

c) The plot elicited sympathy.（筋書きが同情を引き起こした）

d) The script reflected reality.（台本が現実を反映していた）

e) The theater had poor air conditioning.（劇場の空調の状態が悪かった）

解説 ⑳ から ㉓ までの2人のやりとりを追えば、a) の点では2人が同意していると分かる。c) に関しては、㉓ で「筋書き」ではなく「演者たち」が登場人物への同情を生んだと言っていることから不適切と判断できる。

(4) How does Ann react to Ted's invitation to a play **scheduled for the following week?**

（翌週に予定された劇へのテッドの誘いに、アンはどう反応しているか）

a) She is keen to go.（ぜひとも行きたいと思っている）
b) She likes the idea but cannot go.（その案を気に入っているが行けない）
c) She is not enthusiastic but intends to go.（乗り気ではないが行くつもりだ）
d) She cannot understand why he chose it.（なぜ彼がこれを選んだのか理解できない）
e) She refuses to go with him.（彼と一緒に行くことを拒否している）

解説 最後の設問、かつ翌週の劇への誘いについての問いなので、終わりの方を注意深く聞く。テッドがアンを劇に誘っているのは ㉕ ㉖ 。アンは一度は「（行きたいか）分からない」と言うが、㉚ ㉛ で仕方なく承諾している。単なる Yes/No ではない、微妙な心の動きと反応を聞き取ろう。

聞き取りのポイントをチェックしよう

Structure 構造 ⑩ 以降の主人公にまつわるエピソードの説明に現在形が使われている。ストーリーを順を追って再現するときなどに、「過去の出来事」「過去に見た芝居」といった事実とは無関係に、このように現在形が使われることがある。

Sense 意味 ④kind of は Trial Test 14に登場した kinda の元の形で、意味も同じ。ここでのように動詞の前に置かれることもある。⑥not that 〜は「そんなに〜ではない」。⑲Give me a break. は決まり文句で「勘弁してくれ」の意。㉑project は動詞で、役者たちがリアリティー「を伝える」ことができた、つまり真に迫っていたことを表している。㉔ この say は注意を引くときに使う間投詞で、「ねえ」「ちょっと」くらいの意味。

Sound 発音 ④ ㉑I mean は、つなぎの言葉として会話によく出てくる。訳せば「というのは」などとなるが、あまり意味を持たせず使うことも多い。たいていは「アミン」と短く発音される。㉚ ㉛ 「まあ仕方ない」という気持ちで応じていることを、声のトーンやイントネーションからも感じ取ろう。

▶訳

アン： ①で、劇をどう思った、テッド？
テッド：②そうだな、あまり現実味がないと思ったよ。③少なくとも僕が見ることのできた範囲で言うとね。④というのは、前の席のパンク・ヘアの女性のせいで、ちょっと視界を遮られて。
アン： ⑤もう、大げさだわ。⑥彼女の髪型はそんなにひどくなかったわよ。⑦でもどうしてあなたはこの劇が現実味がないと思うの？⑧『スミスフィールドの家族』はとても人気のある劇よ。

テッド：⑨ うん、出来事がかなり非現実的だと思ったんだ。⑩ ある金持ちの男の投資アド
バイザーが男をだまし、男は自分の富のほとんどを失う。⑪ そして、生活のために
彼は一家で小さな町に引っ越し、そこで仕事を見つけるけど、町長が突然彼のこと
を嫌い、職場で彼に嫌がらせをする。⑫ それから彼の長男が逃げ出して、行方不
明になる。⑬ それからひどい嵐が来て彼の家を壊す。⑭ そして新しい家に移ったら、
彼の娘がろうそくで遊んだせいで家が全焼してしまう。

アン：　⑮ でもそういった類いのことって、現実の世界でも起こり得るわ。⑯ 銀行家が顧
客に対して悪いことをするなんて、しょっちゅう耳にするし、選挙で選ばれた公職
の人たちだって不正をすることがあるのはみんな知っているわ。⑰ それに家族内の
出来事や天災、まあそういうことは予測不能ではあるけどね、でしょ？

テッド：⑱ まあそうだね。でも劇の終盤で男は突然多額の遺産を相続してまた裕福になり、
息子は帰って来て市長の娘と結婚し、みんながハッピーになる。⑲ おいおいって感
じだよ。

アン：　⑳ ええと、俳優たちはとてもよかったわ、そう思わない？　㉑ つまり、彼らはその役
柄の中でなかなか真に迫っていたでしょう、特に彼らに起こったいろんなことで苦
しんだところ。

テッド：㉒ そうだねえ、彼らが悲しんでいたときは僕も悲しくなったし、彼らが幸せなとき
は僕もそう感じたという気はする。㉓ 役者たちは確かに、僕らを登場人物たちに同
情させたね。㉔ ねえ！　㉕ 来週、『ワイルド・ダック』の公演があるんだけど。㉖ 見
に行きたくない？

アン：　㉗ 分からないわ。㉘ それって、ある家族が、自分たちの国で武力による政治的・
社会的変化が起きる中で経験する悲劇的な生活についての話だと聞いたけど。

テッド：㉙ でもアン、そういうことだって現実の世界では起こると思わない？

アン：　㉚ はいはい。㉛ 行くしかないみたいね。

Comment from Kimutatsu

**今回の会話には、口語表現がたくさん出てきたね。Well, や I mean, などのつなぎの
言葉や、Come on.、Give me a break.、Say! といったリアクションや働き掛け
の表現は、いずれも現実の会話でよく使われるので覚えておこう。なお、これらは口
調などで微妙な感情を表しつつ使われるので、言い方にも注意してニュアンスも聞き
取るようにすると、会話の流れが追いやすくなるよ。**

これから放送するのは、あるテレビ番組における、バンジージャンプの選手へのインタビューである。これを聞き、(1)～(4)の問いに対して、それぞれ最も適切な答えを1つ選べ。

(1) Thrush says that he got interested in bungee jumping

a) because he thought it was an extreme sport.

b) when he read it has a rather long history.

c) because he had to test his courage.

d) right after seeing a documentary of young men in Vanuatu.

e) in 2013, when he was in Colorado with a friend.

(2) Why does Thrush mention the length of the cord?

a) To explain how different cord lengths affect the excitement.

b) To show how tough his jumps can be.

c) To explain how to do bungee jumping safely.

d) To show there are regulations for the height of the jumps.

e) To explain that bungee jumping is legally regulated.

(3) Which of the following is NOT mentioned as a jump Thrush has made?

a) A jump in the heavy rain.

b) A jump from a high tower.

c) A jump in windy conditions.

d) A jump from high in the sky.

e) A jump from a bridge in Colorado.

(4) What is Thrush asked to talk about after the break?

a) A jump he would like to do.

b) The injuries he has suffered.

c) The extreme jumps he has already mentioned.

d) The requirements of the law for bungee jumping.

e) His recommended bungee jumps for beginners.

テレビやラジオの番組でのインタビューは、「特定分野について専門家に話を聞く」設定のものが多く、固有名詞や専門用語が登場しがち。それらに惑わされずに流れを追おう。

▶スクリプト 21 Host Thrush

Host: ① Well, today, it is our pleasure to welcome to the program Brad Thrush, one of the most daring bungee jumpers of the day. ② Good afternoon, Brad.

Thrush: ③ Good afternoon, and thank you for having me here today.

Host: ④ Our pleasure. ⑤ Now Brad, to start off, could you tell us what got you interested in bungee jumping? ⑥ It must be a scary pursuit, jumping from high places with just a thin cord attached to you.

Thrush: ⑦ Basically, it was because of the thrill of jumping at great speeds through the air. ⑧ I had seen David Attenborough's documentary of young men in Vanuatu doing it to test their courage and heard about it for years as an extreme sport. ⑨ At first, I thought it was a pretty terrifying thing, but (1)after I began reading about it and learned that people have been doing it for a long time, I kind of got interested. ⑩ (2)It is inherently dangerous, but if you conform to standards and guidelines, such as double-checking your calculations and equipment, you should be safe. ⑪ I think I've read that there have been several million successful jumps since 1980.

Host: ⑫ When you say "double-checking your calculations and equipment," what do you mean exactly? ⑬ Could you tell us a little about that?

Thrush: ⑭ Well, obviously, (2)with bungee jumping, your cord should be considerably shorter than the height of the platform that you jump from so it can reach its natural length and then stretch because of its elasticity before it eventually whips the jumper back up. ⑮ The height of the jump and the length and elasticity of the cord must all be calculated beforehand. ⑯ You must also be sure to check the condition of the cord to be attached to your ankles and the body harness you'll be wearing as a backup.

Host: ⑰ I see. ⑱ So tell us, Brad, what's (4)the most extreme bungee jump you've ever done?

Thrush: ⑲ Well, there have been a few. ⑳ (3)The highest jump I've made from a fixed structure was in 2013 from the Royal Gorge Bridge in Colorado, from a 321-meter-high platform. ㉑ (3)That was pretty wild because of the wind. ㉒ (3)I've also jumped from the Observation Deck of Macau Tower, which was about 233 meters from the platform to the ground.

114

㉓ **Then, I've** (3)also jumped quite a few times from helicopters and hot air balloons.

Host: ㉔ **Wow!** ㉕ **Brad,** (4)we're going to take a station break now, and when we get back, we'd like to hear something about those events, **if you don't mind.**

Thrush: ㉖ **My pleasure.**

①daring：勇気のある　bungee jumper：バンジージャンプをする人　⑥scary：恐ろしい　pursuit：趣味　cord：ひも　attach：〜を取り付ける　⑧documentary：記録もの、ドキュメンタリー　courage：勇気　extreme：極限の、過激な　⑨terrifying：非常に恐ろしい　⑩inherently：本質的に　conform to 〜：〜に従う　standard：基準　guideline：指針　calculation：計算　equipment：装備　⑭considerably：かなり　platform：台、壇　elasticity：弾力性　eventually：最終的には　⑯ankle：足首　harness：ハーネス、胴体を固定するベルト　㉑wild：激しい　㉕station break：番組内の短い中断

▶ 解答・解説

(1) Thrush says that he got interested in bungee jumping

（スラッシュは、自分がバンジージャンプに興味を持ったのは＿＿だと言っている）

a) because he thought it was an extreme sport.
（それが極限のスポーツだと思ったから）

b) when he read it had a rather long history.
（それが比較的長い歴史を持つことを読んで知ったとき）

c) because he had to test his courage.
（自分の勇気を試さなくてはならなかったから）

d) right after seeing a documentary of young men in Vanuatu.
（バヌアツの若い男性たちのドキュメンタリーを見た直後）

e) in 2013, when he was in Colorado with a friend.
（2013年、友人とコロラドにいたとき）

解説 ⑤の司会者の質問が聞こえてきたら、答えに相当する内容が近づいていることが予測できる。⑨で、最初は怖いと思っていたものの、「人々が長い間それをしてきたことを読んで知り、興味を持つようになった」と言っている。これを言い換えた b) が正解となる。

(2) Why does Thrush mention the length of the cord?

（スラッシュはなぜひもの長さに言及しているのか）

a) To explain how different cord lengths affect the excitement.

（ひもの長さの違いが興奮にどのくらい影響するかを説明するため）

b) To show how tough his jumps can be.

（自分のジャンプがどれだけ難しくなり得るかを説明するため）

c) To explain how to do bungee jumping safely.

（バンジージャンプを安全に行うにはどうすればよいかを説明するため）

d) To show there are regulations for the height of the jumps.

（ジャンプの高さに規制があることを説明するため）

e) To explain that bungee jumping is legally regulated.

（バンジージャンプが法的に規制されていることを説明するため）

解説　実際にバンジージャンプのひもについて説明されているのは ⑭ だが、もともとはスラッシュの ⑩ の発言が発端で、それへの司会者の質問に答えていることに注意。「計算や装備の再確認などを行えば安全」というのがスラッシュの発言内容だから、c) が正解。(1) の答えに当たる箇所の直後なので、聞き逃さないようにしよう。

(3) Which of the following is NOT **mentioned as** a jump Thrush has made?

（スラッシュがこれまでに行ったジャンプとして述べられていないのは、次のうちどれか）

a) A jump in the heavy rain.

（豪雨の中のジャンプ）

b) A jump from a high tower.

（高い塔からのジャンプ）

c) A jump in windy conditions.

（強風の中でのジャンプ）

d) A jump from high in the sky.

（空高くからのジャンプ）

e) A jump from a bridge in Colorado.

（コロラド州の橋からのジャンプ）

解説　⑱ で司会者が、過去の過激なジャンプの経験についてスラッシュに尋ねている。この後の部分に注意しよう。⑳ から ㉓ までの部分に e)、c)、b)、d) の順に出てくるが、a) は登場しない。

(4) What is Thrush asked to talk about after the break?

（スラッシュは中断の後で何について話すよう求められているか）

a) A jump he would like to do.

（今後行いたいジャンプ）

b) The injuries he has suffered.

（これまでに負ったけが）

c) The extreme jumps he has already mentioned.

（すでに自身で言及した過激なジャンプ）

d) The requirements of the law for bungee jumping.

（バンジージャンプをするための法的要件）

e) His recommended bungee jumps for beginners.

（自身が初心者に勧めるバンジージャンプ）

> **解説** break（中断）がキーワード。㉕ で司会者が station break に入ることを伝えた後、再開後に those events について聞きたいと言っている。those events とは、その直前までスラッシュが話していた事柄で、⑱ で問われている「過激なジャンプ」体験のことなので、c) が正解。

聞き取りのポイントをチェックしよう

Structure 構造
①Brad Thrush は welcome の目的語だが、to the program が間に挟まれている。⑤ get you interested は「get ＋目的語＋状態」という VOC の構造で、「〜を…にする」という意味になる。英語らしい無生物主語の文。⑧ 過去完了形になっているのは、「バンジージャンプに興味を持った」という過去の時点に基準を置き、その時点から見たさらに前のことを話しているため。⑩ カンマに挟まれた such as ... equipment は、standards and guidelines を詳しく説明しており、if 節の一部。次の you should be safe が主節。

Sense 意味
①it is our pleasure to welcome ... はテレビ番組などでゲストを紹介するときによく使われる表現。③thank you for having me は「ご招待ありがとうございます」という意味で、パーティーなどでも使われる。④Our pleasure. は「どういたしまして」。依頼に対し「喜んで」「お安いご用です」と応じる言葉としても使われる。主語が自分1人の場合は My pleasure. となり、これが ㉖ で使われている。⑧ ⑱ extreme は危険を伴うスポーツに関して使われる語。extreme sports にはバンジージャンプや急流下りなどが含まれる。⑰I see. は相手の発言を理解したことを示す。

Sound 発音
スラッシュの発言部分は説明が大半を占めているため、講義の話し方に近い部分も多いが、司会者は会話らしい話し方をしている。ただし、相手がゲストなので、⑤ ⑬ の could you ...?、㉕ の we'd like to ... if you don't mind など、丁寧な言葉遣いになっている点に注意。いずれもよく使われ、滑らかに音をつなげてリズムよく発音されるので、まねて言う練習をして覚えておこう。

▶ 訳

司会者：　①さあ、今日は番組に素晴らしいゲストをお迎えしています。ブラッド・スラッシュ、現代で最も危険を顧みないバンジー・ジャンパーです。②こんにちは、ブラッドさん。

スラッシュ：③こんにちは、そして今日はお招きいただきありがとうございます。

司会者：　④こちらこそ。⑤さてブラッドさん、まず初めに、なぜバンジージャンプに興味を持ったのかをお話しいただけませんか？ ⑥高いところから細いひもを体に取り付けただけで飛び降りるなんて、ぞっとするような趣味に違いないですからね。

スラッシュ：⑦基本的に、空を切ってすごいスピードでジャンプするというスリルのためだったのです。⑧勇気を試すためにそれを行うバヌアツの若者たちについての、デイビッド・アッテンボローのドキュメンタリーを見たことがあって、それから何年も極限のスポーツとして耳にしていました。⑨最初はとても怖いと思いましたが、それについての本を読み始め、人々が長い間それをし続けてきたことを知って、ちょっと興味を持ったのです。⑩本質的に危険ですが、自分の計算や装備を再確認するなど、基準やガイドラインを守っていれば、安全なはずです。⑪確か、1980年以来、数百万回のジャンプが成功していると読んだことがあります。

司会者：　⑫「自分の計算や装備を再確認する」とおっしゃるのは、正確にはどういう意味なのでしょう？ ⑬それについて少しお話しいただけますか？

スラッシュ：⑭まあ、明らかなのは、バンジージャンプでは自分のひもは自分がジャンプする台の高さよりも相当短くしなければならないということで、それによって、ひもがその自然の長さ分の位置まで到達し、そして弾力性があるので伸びていき、最後には反発してジャンプしている人を引き戻します。⑮ジャンプする高さと、ひもの長さ、そして弾力性は、常にあらかじめ計算しておかなければなりません。⑯また、足首に取り付けられるひもの状態と、補助として身体に装着することになるハーネスも、必ず確認しなければなりません。

司会者：　⑰なるほど。⑱ではブラッドさん、今までになさった最も過激なジャンプについてお話しください。

スラッシュ：⑲そうですね、幾つかありました。⑳固定した建造物から私が飛んだ最も高いジャンプは、2013年、コロラド州のロイヤル・ゴージ・ブリッジからで、321メートルの高さの台でした。㉑風のせいで、あれはかなり大変でした。㉒マカオ・タワーの展望台からもジャンプしましたが、ジャンプ台から地面までは233メートルでした。㉓それからヘリコプターや熱気球からも何度かジャンプしたことがあります。

司会者：　㉔うわあ！ ㉕ブラッドさん、今からステーション・ブレークがありますが、再開後によろしければそれらの出来事についてお聞きしたいと思います。

スラッシュ：㉖もちろん喜んで。

Comment from Kimutatsu

NOT の入った設問を解くときに意識すべきことは、前にも解説したけど、「1つ以外はすべて話に登場する」ということ。つまり、選択肢を事前に頭に入れた上で音声を聞き、話に出てきた順に印を付けて消していけばいい。放送での登場順と選択肢の順序は一致しないことが多いから、最初は混乱することもあるけど、慣れてくると素早く視線を移動させながら解答にたどり着けるようになるよ。

これから放送する講義を聞き、(1)〜(5)の問いに対して、それぞれ最も適切な答えを1つ選べ。

(1) About how much did the giant species of koala weigh?

a) 10 kilograms.
b) 15 kilograms
c) 20 kilograms.
d) 30 kilograms.
e) 50 kilograms.

(2) Which of the following is NOT mentioned as a reason why giant species of animals became extinct?

a) Hunting by humans.
b) A shortage of food.
c) The emergence of stronger animals.
d) Changes in climate.
e) Habitat disappearance.

(3) What did Dr. Price discover?

a) How giant species of animals disappeared from Australia.
b) The giant and smaller koalas lived at the same place and time.
c) How the giant koalas evolved into the koalas we know today.
d) When the giant koalas became extinct using new dating techniques.
e) A substantial fossil record for modern koalas.

(4) Dr. Price says that

a) eucalyptus plants are removed to make way for urban development.

b) smaller koalas are also facing the danger of extinction.

c) today's koalas may not be true koalas.

d) the koala's death rate is increasing because of air pollution.

e) he still doesn't know the origin of the modern koala.

(5) Dr. Price hopes his findings may be the basis for

a) extending koala habitat.

b) registering the koala as endangered.

c) confirming the relationship between giant and modern koalas.

d) developing new ways to protect the modern koala.

e) making greater efforts against air pollution.

指示文にはヒントがほとんどないので、設問からできるだけ多くの情報を素早く読み取ろう。今回は giant、species、koala などがキーワード。

▶スクリプト

① Picture kangaroos 3 meters tall hopping across an Australian plain. ② Hard to imagine, isn't it? ③ Well, it used to happen. ④ Or at least it used to happen hundreds of thousands of years ago. ⑤ Australia was once home to a number of other giant species of animals, including giant wallabies, echidnas, wombats and koalas.

⑥ If you have ever seen a photograph of someone holding a cuddly little koala, it may be difficult to imagine that these animals once had an enormous relative. ⑦ (1)While the familiar modern koala weighs around 10 kilograms, its prehistoric cousin weighed up to three times as much and would likely have been a lot more difficult to hold for a snapshot!

⑧ Relatively little is known about Australia's large (2)extinct animals. ⑨ And even less is known about why they disappeared. ⑩ The reasons have been debated without much success for years. ⑪ (2)Theories include changes to the climate — which may have affected the animals' habitats or food supply — and hunting by humans.

⑫ But through all of these debates, there has been one assumption regarding the giant koala: Researchers have always believed that the smaller animals were descendants of the giant koala. ⑬ (3)Now, new research has shown that the two animals actually lived side by side for hundreds of thousands of years.

⑭ Working at the University of Queensland, (3)Gilbert Price analyzed fossils of both types of koalas using the latest dating techniques. ⑮ The results, published in the Quaternary Science Reviews journal, may open up a new series of debates on what caused Australia's giant animals to vanish. ⑯ (3)The discovery that both species coexisted means that scientists must now consider not only why the larger koalas vanished but why and how their smaller cousins managed to survive.

⑰ Such studies often result in more questions than answers, and (4)Dr. Price says that the lack of a substantial, well-dated fossil record for these animals means that (4)the true ancestor of the modern koala remains a mystery. ⑱ "Where on earth did the modern koala come from?" he wonders.

⑲ The study has an ecological side as well. ⑳ While the koala is not officially registered as an endangered species, pollutants in the air have reduced nutrients in the animals' only food source — eucalyptus leaves — and human development is quickly taking away their natural habitat.

㉑ (5) Price hopes that future studies based on his findings will be **able to help conservationists understand the events leading up to the extinction of the giant koala and thus be** (5)able to help them plan strategies to keep us from losing the modern koala **as well.**

①picture：〜を心に描く　kangaroo：カンガルー　hop：ぴょんぴょん跳ぶ　plain：平原　⑤wallaby：ワラビー　echidna：ハリモグラ　wombat：ウォンバット　⑥cuddly：抱き締めたくなるような　enormous：巨大な　relative：同類　⑦prehistoric：先史時代の　cousin：親類、（種として）近いもの　snapshot：スナップ写真　⑧extinct：絶滅した　⑪habitat：生息地　⑫assumption：仮定　descendant：子孫　⑭fossil：化石　⑮vanish：消える　⑰substantial：十分な　mystery：謎　⑲ecological：環境保護の　⑳register：〜を登録する　pollutant：汚染物質　nutrient：栄養　eucalyptus：ユーカリ　㉑conservationist：自然保護論者

▶解答・解説

(1) About how much did the giant species of koala weigh**?**
（巨大種のコアラはどのくらいの体重だったか）

- **a)** 10 kilograms.（10キログラム）
- **b)** 15 kilograms.（15キログラム）
- **c)** 20 kilograms.（20キログラム）
- **d)** 30 kilograms.（30キログラム）
- **e)** 50 kilograms.（50キログラム）

解説 weigh をキーワードに、巨大種のコアラの体重について説明されている部分を待ち構えよう。⑦ の文の前半で modern koala（現代のコアラ）の体重が約10キログラムで、同じ文の後半で its prehistoric cousin（その先史時代の親類）の体重がその3倍、つまり約30キログラムだったと述べられている。この prehistoric cousin は、巨大種のコアラを指すと考えられるので、d) が正解。

(2) Which of the following is NOT **mentioned as** a reason why giant species of animals became extinct**?**
（巨大種の動物が絶滅した理由として言及されていないのは、次のうちどれか）

- **a)** Hunting by humans.（人間による狩猟）
- **b)** A shortage of food.（食料不足）
- **c)** The emergence of stronger animals.（より強い動物の出現）
- **d)** Changes in climate.（気候の変化）
- **e)** Habitat disappearance.（生息環境の消失）

解説 extinct を待ち受けながら聞き進める。⑧ の文に extinct animals（絶滅動物）という語句が出てくるので、これ以降の部分に集中しよう。c) 以外の選択肢の内容は、⑪ の文にすべて登場する。

(3) What did Dr. Price **discover?**

（プライス博士はどんなことを発見したか）

a) How giant species of animals disappeared from Australia.

（巨大種の動物がどのようにしてオーストラリアから姿を消したか）

b) The giant and smaller koalas lived at the same place and time.

（ジャイアントコアラと小型のコアラが同じ場所、同じ時期に生息していた［こと]）

c) How the giant koalas evolved into the koalas we know today.

（ジャイアントコアラがどのようにして、今日私たちが知っているコアラに進化したか）

d) When the giant koalas became extinct using new dating techniques.

（いつジャイアントコアラが絶滅したかを、新しい年代判定技術を使って）

e) A substantial fossil record for modern koalas.

（現代のコアラの、十分な量の化石記録）

解説 Price がキーワードだが、この名前が出てくる前に発見内容が述べられている部分があるので、注意が必要。⑬で「新しい研究」の成果として b)の内容が導入のように述べられ、続く⑭以降でそれがプライス博士の研究であることが分かる。⑯の文頭に再び「両方の種が共存していたという発見」という言及があり、答えが確認できる。

(4) Dr. Price **says that**（プライス博士が言うには＿＿）

a) eucalyptus plants are removed to make way for urban development.

（ユーカリの木が都市開発のために伐採されている）

b) smaller koalas are also facing the danger of extinction.

（小型のコアラも絶滅の危機に直面している）

c) today's koalas may not be true koalas.

（現代のコアラは本物のコアラではないかもしれない）

d) the koala's death rate is increasing because of air pollution.

（大気汚染によってコアラの死亡率が高くなっている）

e) he still doesn't know the origin of the modern koala.

（現代のコアラの起源はまだ分からない）

解説 ⑰⑱で、現代のコアラの起源がプライス博士にもまだ解明できていないことが述べられており、e)が正解だと分かる。「ユーカリの木の伐採」「大気汚染によるコアラの死亡」の話は出てこないので、a)と d)は誤り。現代のコアラがジャイアントコアラの「子孫」でないかもしれない、という話は出てくるが、「本物のコアラ」についての言及はなく、また両者が「親類」であることは全体を通して述べられているので、c)も不適切。

(5) Dr. Price hopes his findings **may be** the basis **for**

（プライス博士は、彼の発見が＿＿の基になってくれたらと望んでいる）

a) extending koala habitat.

（コアラの生息環境を広げること）

b) registering the koala as endangered.

（コアラを絶滅危惧種として登録すること）

c) confirming the relationship between giant and modern koalas.

（ジャイアントコアラと現代のコアラの関係を確かめること）

d) developing new ways to protect the modern koala.

（現代のコアラを保護する新しい方法を開発すること）

e) making greater efforts against air pollution.

（大気汚染に対してより一層の取り組みをすること）

> **解説** Price と findings をキーワードに聞き進めよう。㉑ でプライス博士が自身の発見を基に望むことについて述べられており、この文の後半に d) に当たる内容が出てくる。c) の内容は、博士の研究内容には含まれるかもしれないが、ここで問われているのは研究結果をどう活用していくかについての彼の望みなので不適切。

聞き取りのポイントをチェックしよう

Structure 構造
①picture はここでは「～を心に描く」という意味の動詞で、命令文になっている。⑨less は名詞で「より少ないこと」の意味。⑯not only A but B（A だけでなく B も）の構文。ここでは A と B がそれぞれ節になっている。⑳While（～の一方で）の副詞節はカンマまで、pollutants in the air have reduced ... の節と human development is ... の節が and で並列関係になっている。

Sense 意味
⑬lived side by side は、ここでは隣にいたということではなく、共存していたということ。⑫ に登場する「小型のコアラがジャイアントコアラの子孫」という説を疑う根拠として述べられている。

Sound 発音
③④ で used と happen が強く発音されていることに注意しよう。② の Hard to imagine, isn't it? という自らの問い掛けに対し、「しかし実のところ、かつてはよく起きていた」と言うために **used** to **happen** という強調の仕方になっている。⑰often がここでは /ɔ́ftən/ と発音されている。

▶訳

① 身長3メートルのカンガルーたちがオーストラリアの平原を飛び跳ねている様子を思い描いてみてください。② 想像しがたいですよね？③ ですが、これはよく起きていたことなのです。④ あるいは、少なくとも、数十万年前にはよく起きていました。⑤ オーストラリアはかつて、ほかの数々の動物の巨大種が暮らした土地で、その中には巨大なワラビー、ハリモグラ、ウォンバット、そしてコアラも含まれていました。

⑥ もしあなたが、愛らしい小さなコアラを誰かが抱いている写真を見たことがあるなら、こんな動物にかつて巨大な血族がいたと想像するのは難しいかもしれません。⑦ おなじみの現代のコアラが体重約10キログラムであるのに対して、その先史時代の親類はその3倍にも達する体重があったのだから、スナップ写真を撮るために抱き上げるのは、はるかに難しかったでしょう！

⑧ オーストラリアの巨大な絶滅動物については、比較的わずかなことしか知られていません。⑨ そして、彼らが姿を消した理由については、もっと知られていないのです。⑩ 理由は長年議論されてきましたが、これといった成果はありませんでした。⑪ 仮説に含まれているのは、気候の変化──それがその動物たちの生息環境や食料調達に影響を及ぼしたかもしれないのです──と、人間による狩猟です。

⑫ しかし、こうした議論のすべてを通じて、ジャイアントコアラに関しては1つの前提が存在していました：研究者たちはずっと、小型版のその動物（コアラ）がジャイアントコアラの子孫であると考えてきたのです。⑬ 現在、新しい研究によって、実際はこの2種の動物が何十万年も一緒に生息していたことが示されました。

⑭ クイーンズランド大学で研究するギルバート・プライスさんは、最新の年代判定技術を使って両種のコアラの化石を分析しました。⑮「Quaternary Science Reviews（第四紀学考察）」誌に掲載されたその結果は、何がオーストラリアの巨大動物たちを絶滅させたのかをめぐる新たな議論の数々を勃発させそうです。⑯ 両方の種が共存していたという発見のおかげで、科学者たちは今や、大型のコアラが絶滅した理由だけでなく、小型の親類がどんな理由でどうやって生き延びたのかも考慮しなくてはならないというわけです。

⑰ こうした研究は答え以上に疑問につながることがしばしばですが、プライス博士は、十分な量で年代のはっきりしたこれらの動物の化石記録がないと、現代のコアラの真の祖先が謎として残ることになると述べています。⑱「現代のコアラはいったいどこから現れたのだろう？」と彼は疑問を感じています。

⑲ この研究にはまた、環境学的な側面もあります。⑳ コアラは公式には絶滅危惧種に登録されていませんが、空中の汚染物質はこの動物の唯一の食料源──ユーカリの葉──の栄養素を減少させているし、人間による開発は、彼らの自然の生息環境をみるみる奪っています。

㉑ プライスさんは、自身の発見を基にした今後の研究によって、ジャイアントコアラの絶滅をもたらした事象を自然保護論者が理解するための手助けができるようになり、そうすることで、現代のコアラまで失わないための戦略を練る手助けができるようになることを望んでいます。

Comment from Kimutatsu

cousin は普通、「いとこ」として覚えるけど、ここで使われているように「（種として）近いもの」という意味もある。「知らなかったから覚えておこう」とコツコツ知識を増やすことはもちろん大事やけど、「いとこ」という意味から「親戚みたいなもの」かな、と推測して聞き進めるカンや要領のよさも持っておきたいところ。どちらかというと、この要領のよさのある人が「東大生向き」なんよ。

これから放送するのは、航空業界（aviation industry）における問題についてのニュースである。これを聞き、(1)〜(5)の問いに対して、それぞれ最も適切な答えを1つ選べ。

(1) The people who conducted the "newly uncovered research" were

a) students at a national university.
b) scientists at a nonprofit organization.
c) experts with government financial assistance.
d) engineers at an airline company.
e) a group critical of the government.

(2) In 2010, what density of CO_2 was estimated to be in the atmosphere by 2035?

a) 403 ppm.
b) 413 ppm.
c) 416 ppm.
d) 430 ppm.
e) 436 ppm.

(3) Which of the following problems is mentioned in the report?

a) Congestion around airports.
b) The danger of flooding at airports.
c) An increase in noise pollution.
d) A fall in nitrous oxide levels.
e) Pollution-related illnesses among airport staff.

(4) According to the report, what aviation industry claim looks doubtful?

a) Its plans to relocate airports.

b) Its great achievements in reducing CO_2 emissions.

c) The real cause of climate change.

d) Its ability to slow the rise of CO_2 emissions.

e) Its reduction of emissions to 5 percent.

(5) Which of the following is mentioned as a responsibility of governments or the aviation industry?

a) Faster land or sea transportation.

b) Improving fuel efficiency.

c) Promoting air transportation.

d) Development of low-cost aircraft.

e) Reuse of greenhouse gases.

このあたりから、放送文が入試
本番と同じくらいの長さになるよ。
ちょっと難しい単語も出てくるけ
ど、頑張って！

▶スクリプト

① Now, we would like to report on something tonight that might make you airline travelers unhappy and that will certainly upset the people on the ground. ② That's the figures from a new study of the aviation industry, which finds that both its carbon dioxide emissions and aircraft noise are apparently getting worse.

③ (1)Newly uncovered research by experts indicates that airlines are pumping far more carbon dioxide into the atmosphere than was previously estimated. ④ (1) The government-funded research concludes that total annual aviation industry CO_2 emissions will reach between 1.2 billion and 1.4 billion tons by 2035.

⑤ The researchers who produced this report — which was withheld from wider publication but has nevertheless been uncovered — also predict that (2)general CO_2 density in the atmosphere will rise from a 2016 level of 403 ppm to a 2035 level of 436 ppm — the latter figure exceeding the previous (2)estimate made in 2010 of 430 ppm by 2035.

⑥ Adding to this bad news, the report shows that the amount of aircraft-engine-produced nitrogen oxide around airports will increase from a 2010 level of 2.5 million tons to a 2035 level of 6.1 million tons and that (3)by 2035 the number of people seriously affected by aircraft noise will reach 30.3 million, up from a 2010 total of 24 million.

⑦ Now, most of us are aware that increased carbon in our atmosphere is contributing to climate change, which heats up our planet and melts the polar ice caps, raising sea levels and resulting in serious coastal flooding. ⑧ Many of us also know that aircraft noise can be a serious problem, especially in congested areas where many people live. ⑨ (4)However, despite the claim by the aviation industry that new technology will slow the rise in CO_2 emissions due to flying — now expected to rise from 2 percent of total emissions to 5 percent by 2050 — (4)it seems the industry will need to work harder if it is going to target reductions in CO_2 emissions and increase the production of quieter planes.

⑩ Indeed, if the aviation industry doesn't or can't reach these targets, it might be time for governments to step in to stop the uncontrolled growth of air transportation, perhaps reconsidering the aviation industry's exemption from the Kyoto Protocol on reducing greenhouse gases. ⑪ Rising fuel costs should have been an incentive (5)for the industry to work toward greater fuel efficiency, and increasing complaints from the public about aircraft noise should have led to (5) greater efforts to produce "quieter" technology. ⑫ Clearly

it hasn't accepted this responsibility and so now, to protect us all, maybe that responsibility should be in government hands.

①upset：〜の心をかき乱す　②figure：数字　aviation：航空　carbon dioxide：二酸化炭素　emission：排出　③uncovered：明らかにされた　pump：〜を押し出す　atmosphere：大気　estimate：〜を見積もる　④conclude：〜と結論付ける　⑤withhold：〜を抑える　publication：発表　nevertheless：それにもかかわらず　predict：〜を予言する　general：全体の　density：濃度　exceed：〜を超える　⑥nitrogen oxide：窒素酸化物　⑦contribute：一因となる　polar：極（北極または南極）の　ice cap：氷冠　sea level：海水面　coastal：海岸地帯の　flooding：洪水　⑧congested：密集した　⑨reduction：減少　⑩exemption：免除　greenhouse gas：温室効果ガス　⑪incentive：インセンティブ、誘因　efficiency：効率

▶解答・解説

(1) The people who conducted the "newly uncovered research" **were**
（「新たに発見された調査」を行ったのは＿＿＿だった）

a) students at a national university. （ある国立大学の学生たち）
b) scientists at a nonprofit organization. （ある非営利組織の科学者たち）
c) experts with government financial assistance. （政府の援助を受けた専門家たち）
d) engineers at an airline company. （ある航空会社の技術者たち）
e) a group critical of the government. （政府に批判的なあるグループ）

解説　引用符（" "）が付いていることから、newly uncovered researchがそのまま出てくると考えられるので、待ち構えて聞こう。③の冒頭にNewly uncovered research by expertsが登場し、その後④の文で、それがgovernment-funded researchであると言われていることから、c) が正解だと分かる。

(2) In 2010, **what** density of CO_2 **was estimated to be in the atmosphere** by 2035?
（2010年に、大気中のCO_2が2035年までにどのくらいの濃度になると見積もられたか）

a) 403 ppm.
b) 413 ppm.
c) 416 ppm.
d) 430 ppm.
e) 436 ppm.

解説　問題文の in 2010 は「2010年に」を表し、見積もりが行われた年。by 2035 は「2035年までに」で、大気中のCO_2濃度がその時までにどうなっているかという、見積もりの対象となる年である。この2点を押さえて、density や CO_2 に注意しながら聞こう。⑤の文の後半に general CO_2 density in the atmosphere というフレーズが登場し、文の最後の部分から正解を導ける。ppm は parts per million の略で、百万分の幾つに当たるかを表し、濃度などの単位として使われる。日本語においても「ppm」の形で用いられている。

(3) Which of the following problems is mentioned in the report?

（次の問題のうち、どれが報告書で述べられているか）

a) Congestion around airports.

　　（空港近辺の混雑）

b) The danger of flooding at airports.

　　（空港における洪水の可能性）

c) An increase in noise pollution.

　　（騒音公害の増大）

d) A fall in nitrous oxide levels.

　　（亜酸化窒素のレベルの低下）

e) Pollution-related illnesses among airport staff.

　　（空港スタッフ間に見られる汚染関連の病気）

> **解説** 選択肢がさほど長くないので、事前に目を通してから聞き進めよう。⑥ の後半で aircraft noise の増大について述べられているので、c) が正解。同じ文の前半に窒素酸化物の話が出てくるが、これも増大していると伝えられており、d) は誤りである。

(4) According to the report, what aviation industry claim looks doubtful?

（報告書によると、何に関する航空会社の主張が疑わしそうであるか）

a) Its plans to relocate airports.

　　（空港を移転する計画）

b) Its great achievements in reducing CO_2 emissions.

　　（CO_2排出量削減における大きな達成）

c) The real cause of climate change.

　　（気候変動の本当の理由）

d) Its ability to slow the rise of CO_2 emissions.

　　（CO_2排出量の増加を減速させる能力）

e) Its reduction of emissions to 5 percent.

　　（CO_2排出量を5%まで減らすこと）

> **解説** この設問では、放送文の内容が問題文では別の表現で言い換えられており、理解力が試されている。aviation industry を手掛かりに聞いていくと、⑨ の文で、航空業界が「新しい技術で CO_2 排出量の増加を減速させる」と主張しているのに対し、「そのためにはさらに懸命に取り組む必要があるようだ」と述べている。問題文の doubtful はこのことを指すと考えられ、d) が正解となる。主張しているのはあくまで CO_2 排出量の今後の「増加スピードを落とす」ことで、「削減の達成」ではないので b) は不適切。

(5) Which of the following is mentioned as a responsibility of governments or the aviation industry?

（政府や航空会社の責任として述べられているのは次のうちどれか）

a) Faster land or sea transportation.

（より速い陸上輸送や海上輸送）

b) Improving fuel efficiency.

（燃料効率を改善すること）

c) Promoting air transportation.

（航空輸送を促進すること）

d) Development of low-cost aircraft.

（低コストの航空機の開発）

e) Reuse of greenhouse gases.

（温室効果ガスの再利用）

解説 responsibility と governments に注意して聞き進めよう。⑩ 以降の文で、政府と航空会社のすべきことが挙げられている。⑪ に登場する「より高い燃料効果に向けて取り組む」という行動が b) に相当するので、これが正解。

聞き取りのポイントをチェックしよう

Structure 構造
①you と airline travelers は同格で、「飛行機利用者の皆さん」くらいの意味。⑨despite は前置詞なので、後ろに名詞（句）の the claim by ... が続いている。that ... flying は claim の内容を示しており、さらにその中の the rise in CO_2 emissions due to flying を、ダッシュで挟まれた部分が説明している。つまり2つ目のダッシュまでが despite the claim に付随している部分であり、続く it seems がこの文の主語と動詞である。

Sense 意味
⑤ppm（= parts per million）は「全体を100万としていくら含まれるか」という割合を表す単位。⑪incentive は「刺激」「誘因」などと訳すことができるが、「それによってやる気を駆り立てるもの」という意味合いを覚えておこう。lead to ～ は「～に至る」。⑫in ～ hands は、日本語の「～の手中にある」に当たり、日本語の場合と同様に「～が制御する」といった意味になる。

Sound 発音
④total annual aviation industry CO_2 emissions はこれ全体で名詞句。スクリプトだけを見ると分かりづらいが、音声では一続きのものとして読まれていることを確認しよう。⑥ 文の後半に million の単位の数字が連続して登場する。日本語に置き換えている時間はないから、英語のまま「数字＋million」で聞いていこう。メモを取るときは「2.5 m」などと書いておけばよい。⑪should have been のような「助動詞＋完了形」は短く発音される上に、即座には意味を取りにくい。ただし文意の上では大きな役割を持つので、注意が必要。またここでは、直後の an incentive for も素早く発音されており聞き取りづらい。音声を何度も聞いて、音のつながりや強弱に慣れよう。

▶訳

①さて、私たちは今夜、飛行機利用者の皆さんを悲しくさせるかもしれない、そして確実に地上の人々を動転させるであろうことを報告したいと思います。②それは、航空業界についての新しい調査から得られた数字で、その業界の二酸化炭素排出と航空機による騒音はともに、明らかに悪化していることが判明しています。

③新たに発見された、専門家たちによる調査は、航空会社が、以前見積もられたものよりもはるかに多くの二酸化炭素を大気に放出していることを示しています。④政府の資金提供を受けたこの調査は、航空業界全体の年間の CO_2 排出量は合わせて、2035 年までに、12 億トンから 14 億トンの間に達すると結論付けています。

⑤広く発表することが差し控えられ、にもかかわらず明るみに出たこの報告書を作成した研究者たちは、大気圏における全体的な CO_2 の濃度は、2016 年の 403 ppm という水準から、2035 年には 436 ppm という水準に増加するとも予測しています。後者の数字は、2035 年までに 430 ppm になるという、2010 年に出された以前の見積もりを超えています。

⑥この悪いニュースに加えて、その報告書は、航空機のエンジンが作る空港周辺の窒素酸化物の量が、2010 年の計 250 万トンという水準から 2035 年には 610 万トンという水準に増加するということ、そして航空機の騒音によって深刻な影響を受ける人の数は 2035 年までに、2010 年の 2400 万という数字から増加して、3030 万に達するということを示しています。

⑦今や私たちのほとんどは、私たちを取り巻く大気中で増加した炭素が気候の変動に寄与していること、それによって私たちの住む地球の温度が上がり、極氷冠が解け、海面が上昇して沿岸地域に深刻な洪水をもたらしている、ということを認識しています。⑧私たちの多くはまた、航空機の騒音が、特に多くの人々が住む過密地域において、重大な問題となり得ることも知っています。⑨しかし、飛行に起因する CO_2 排出量の増加——2050 年までに、排出量全体の 2% から 5% に増えると現在見積もられている——を新しいテクノロジーによって減速させると航空業界は主張しているものの、CO_2 の排出削減を目指し、より低騒音の航空機の生産を増加させるつもりならば、航空業界はさらに懸命に取り組む必要があるようです。

⑩実際、もしも航空業界がこの目標を達成しない、あるいは達成できない場合、各国政府が介入して、おそらく温室効果ガスの削減に関する京都議定書からの航空業界の除外を再考し、航空輸送の無制限な拡大をストップさせる時かもしれません。⑪燃料費の高騰は、この業界の、より高い燃料効果に向けた取り組みのためのインセンティブとなるべきだったのであり、航空機の騒音についての一般市民からの苦情増大は、「より低騒音な」テクノロジーを作り上げるための一層の努力へとつながるべきだったのです。⑫明らかに航空業界はこの責任を受け入れておらず、従って今や、その責任は、私たちすべてを守るために政府の手に委ねられるべきかもしれません。

Comment from Kimutatsu

数字や西暦年がいろいろと出てきたけど、設問に関わるのはその中のほんの一部なので、落ち着いて聞いていこう。数字の聞き取りは、コツをつかめばそれほど難しくはない。まずは100までの基本的な数字を確実に聞き取れるようにしておくこと。Strategiesでも紹介したように、身の回りの数字を英語で言ってみるようにすると、いい練習になるよ。なお、thousand、million、billion といった大きい数字は3桁ごとに増えていくことを押さえ、メモを取るときは「t」「m」「b」と書いておけば OK。

これから放送するのは、大学教授と、学生の Harry、Kelly の計3人による、芸術に関する会話である。これを聞き、(1)〜(5)の問いに対して、それぞれ最も適切な答えを1つ選べ。

(1) What is the main topic of this conversation?

a) Art made during the World War I.

b) The meaning of the term "anti-art."

c) Different methods of painting in Surrealism.

d) A comparison of two art movements.

e) The use of dreams in different artworks.

(2) According to the professor, what did the dada artists want?

a) They wanted people to stop making art.

b) They desired more money for their art.

c) They were protesting against ugly and confusing art.

d) They hoped to bring an end to World War I.

e) They wanted to change how people thought about art.

(3) Why does Harry mention Marcel Duchamp?

a) He was the founder of the surrealist movement.

b) He created a new kind of artwork.

c) He was an artist killed in World War I.

d) He owned an important art gallery.

e) He is respected for his works about social change.

(4) The professor says that they study the two art movements together mainly because

a) they are so completely different.

b) each one is concerned with the meaning of dreams.

c) one was created shortly after the other.

d) they were both protest movements.

e) they share the same artists.

(5) According to the professor, surrealism is

a) the origin of dada.

b) more important than dada.

c) another name for dada.

d) less negative than dada.

e) an anti-social movement.

今回は3人の会話。指示文に
ある設定を手掛かりに、話者た
ちの考えを整理しながら聞き進め
よう。

▶スクリプト  24 Harry Professor Kelly

Harry:	① Professor, Kelly and I just want to ask a couple of things. ② So, the last couple of classes have been (1)about dada and surrealism ...
Professor:	③ Yes. ④ Wonderful, aren't they? ⑤ What are you having trouble with, Harry?
Harry:	⑥ Well, I know that (2)dada was basically a protest movement, right?
Kelly:	⑦ It started after World War I, and some artists were so disgusted by the war and their leaders that they wanted to destroy art. ⑧ At least, I think I read that.
Harry:	⑨ That's my first question. ⑩ They were still artists, weren't they? ⑪ You can't really destroy art by making art.
Professor:	⑫ Well, it has often been called an "anti-art" movement, but I think it was more complicated than that. ⑬ (2)I believe that what they really wanted was a change in art. ⑭ They wanted to destroy the idea that art was only about making beautiful things for rich people. ⑮ So, they started making art that was plain or ugly or confusing.
Kelly:	⑯ I think what they really did was just ... stretch the idea of art, didn't they? ⑰ It ended up being bigger than it was before. ⑱ I mean, today you can do almost anything and call it art. ⑲ Dada proved that art wasn't just a thing you made, it was an idea you demonstrated.
Harry:	⑳ (3)Like putting a signature on a urinal and calling it art. ㉑ That was Marcel Duchamp, right?
Professor:	㉒ Yes. ㉓ He called that piece a "ready-made." ㉔ And (3)this was an entirely new idea at the time. ㉕ He tried to show it at a gallery, and they were so disgusted that they refused. ㉖ Today, it's one of the most important pieces in modern art, even though the original has been lost.
Kelly:	㉗ So, (1)if dada was a protest movement, what was surrealism?
Professor:	㉘ Well, you tell me.
Kelly:	㉙ The way I understand it, it's all about painting dreams. ㉚ That's what I don't get — it seems so different from dada. ㉛ Why are we studying them together?
Professor:	㉜ But are they so different? ㉝ (4)The main reason we study the two movements together is because surrealism directly followed dada's lead. ㉞ A few dada artists even moved into surrealism. ㉟ But

surrealism is more than just painting dreams. ㊱ Surrealist artists wanted to reach into the hidden parts of the mind. ㊲ They believed that dreams were part of this, so painting or sculpting strange, dreamlike things was typical.

Harry: ㊳ I guess both are a little strange and use nonsense quite a bit.

Professor: ㊴ Absolutely. ㊵ But in surrealism, there was more purpose to the nonsense. ㊶ At the root of it, (5)dada broke down barriers in art, but it was quite a negative movement. ㊷ Surrealism, on the other hand, took the new ideas that dada had established and made them more human, less anti-social.

②dada：ダダ（イズム）　surrealism：シュールレアリスム　⑤have trouble with ～：～（の理解）に苦しむ　⑦be disgusted by ～：～に嫌悪感を持っている　⑫anti-art：反芸術　complicated：複雑な　⑮confusing：混乱させるような　⑰end up ～：結局～になる　⑳urinal：男性用小便器　㉓ready-made：既製品　㊲sculpt：～を彫刻する　㊳nonsense：無意味　㊶at the root of ～：～の根底に　barrier：障壁　㊷anti-social：反社会的な

▶解答・解説

(1) **What is the main topic of this conversation?**

（この会話の主な話題は何か）

a) Art made during the World War I.

（第一次世界大戦中に起こった芸術）

b) The meaning of the term "anti-art."

（「反芸術」という用語の意味）

c) Different methods of painting in Surrealism.

（シュールレアリスムのさまざまな絵画手法）

d) A comparison of two art movements.

（2つの芸術運動の比較）

e) The use of dreams in different artworks.

（さまざまな芸術作品における夢の使用）

解説 最初の設問だが、今回は冒頭部分だけでなく全体を聞いて判断する必要がある。こういう場合は1回目を聞いて答えをある程度絞り、2回目で確定させよう。② でハリーが「ダダとシュールレアリスム」に言及した後、その2つの芸術運動の話が最後まで続いている。㉗ でケリーが両者を対比させるような質問をし、後半部分ではずっと両者の共通点や違いが論じられているので、d) が適切。

(2) According to the professor, what did the dada artists want?

（教授によると、ダダの芸術家は何を望んだか）

a) They wanted people to stop making art.

（人々に芸術活動をやめさせることを望んだ）

b) They desired more money for their art.

（自分たちの芸術に払われるお金の増額を望んだ）

c) They were protesting against ugly and confusing art.

（醜くて訳の分からない芸術に反対していた）

d) They hoped to bring an end to World War I.

（第一次世界大戦を終わらせたいと希望した）

e) They wanted to change how people thought about art.

（人々の芸術に関する考え方を変えたいと望んだ）

解説 ダダについては、⑥ でハリーが話題にした後、前半部分で話題になっている。教授の発言 ⑬ ⑭ で、「彼らが本当に望んだのは芸術の変革で、彼らはそれまでの考え方を破壊したかった」と述べられており、e) がこの内容に当てはまる。

(3) Why does Harry mention Marcel Duchamp?

（ハリーがマルセル・デュシャンの名前を出したのはなぜか）

a) He was the founder of the surrealist movement.

（シュールレアリスト運動の創始者だったから）

b) He created a new kind of artwork.

（新しいタイプの芸術作品を生み出したから）

c) He was an artist killed in World War I.

（第一次世界大戦で亡くなった芸術家だったから）

d) He owned an important art gallery.

（重要なアートギャラリーを所有していたから）

e) He is respected for his works about social change.

（社会変革に関する活動で尊敬されているから）

解説 流れを追いながら、ハリーの発言で Marcel Duchamp が出てくる箇所を待ち構えよう。ダダが行った芸術という概念の変革や拡大が論じられる中、⑳ で風変わりな芸術の例を挙げたハリーは、㉑ で、それが「マルセル・デュシャン」の作品かどうかを確認している。その後、㉔ で教授が彼の芸術に対し「まったく新しい発想だった」と続けていることから答えが選べる。

(4) The professor **says that they** study the two art movements together **mainly because**

（教授によると、2つの芸術運動を一緒に学んでいる主な理由は＿＿＿からである）

　　a) they are so completely different.

　　　　（それらがまったく異なっている）

　　b) each one is concerned with the meaning of dreams.

　　　　（それぞれが夢の意味に関わっている）

　　c) one was created shortly after the other.

　　　　（片方がもう片方のすぐ後に生み出された）

　　d) they were both protest movements.

　　　　（どちらも反対運動だった）

　　e) they share the same artists.

　　　　（芸術家たちが共通している）

解説 ㉛ でケリーが Why are we studying them together? と質問しており、この後の教授の発言に注意すればよいと予測できる。㉝ で、教授が The main reason we study the two movements together と切り出しているので、その続きを聞けばよい。「シュールレアリスムがダダのすぐ後に起こったから」と説明てしており、c) の内容が当てはまる。

(5) According to the professor**, surrealism is**

（教授によれば、シュールレアリスムは＿＿＿）

　　a) the origin of dada.

　　　　（ダダの起源である）

　　b) more important than dada.

　　　　（ダダよりも重要である）

　　c) another name for dada.

　　　　（ダダの別名である）

　　d) less negative than dada.

　　　　（ダダよりは否定的でない）

　　e) an anti-social movement.

　　　　（反社会的な運動である）

解説 並んでいる選択肢を見ると、シュールレアリスムとダダの関係や比較が述べられている箇所に注意が必要だと分かる。教授は ㊶ と ㊷ で「ダダは否定的な運動だったが、シュールレアリスムはそれに人間性を加え、反社会性を減らした」と述べており、d) が正解。

聞き取りのポイントをチェックしよう

**Structure
構造**　長い文や複雑に入り組んだ文は少ない。一方、会話特有の表現や文の形が多く登場し、例えば ④ の ... aren't they? や ⑩ の ... weren't they? ⑯ の ... didn't they? といった付加疑問、また ⑥ ㉑ の ... right? など、3 人が確認の表現を効果的に使いながらやりとりが進んでいる。

**Sense
意味**　⑪ ⑱ ⑲ の you は「人間一般」を指す。㉙ の the way I understand it（私の理解では）は、会話や議論でよく使われる表現。

**Sound
発音**　surrealism や Marcel Duchamp の英語での発音は、日本語のカタカナ表記の読みとはかなり異なっているので注意が必要。⑫ ㊷ の anti- も /æntai/ と発音されており、日本語の「アンチ」とは大きく異なる音である。⑬ の change、⑯ ⑲ の idea といった語が、話者によって強調されている。音声をよく聞いてニュアンスをつかもう。

▶ 訳

ハリー：　①教授、ケリーと僕は少し質問したいのですが。②それは、ここ2回ほどの授業がダダとシュールレアリスムについてでしたが……

教授：　③そうね。④素晴らしいよね、この2つは。⑤何に引っ掛かっているの、ハリー？

ハリー：　⑥ええと、ダダが基本的に反対運動だというのは分かります、そうですよね？

ケリー：　⑦第一次世界大戦後に始まったもので、一部の芸術家が、戦争と指導者たちにうんざりして芸術を破壊しようとした。⑧少なくとも私はそう読んだと思います。

ハリー：　⑨それが1つ目の質問です。⑩それでも彼らは芸術家ですよね？⑪芸術を生み出すことで芸術を破壊するなんてできませんよ。

教授：　⑫それはね、よく「反芸術」運動とも呼ばれるんだけれど、私はそれよりも複雑だと思っている。⑬彼らが本当に望んだのは芸術の変革なのだと私は考えているの。⑭彼らは、芸術とは金持ちのために美しい物を作るだけのもの、という考え方を破壊したかった。⑮だから、粗末だったり醜かったり訳が分からなかったりする芸術を作り始めたのよ。

ケリー：　⑯私が思うに、彼らが実際にしたことはただ……芸術の概念を拡大しただけじゃないですか？⑰結果として前よりも大きくなったんです。⑱つまり、今ではほとんどどんなことをしても芸術と呼ぶことができます。⑲ダダは、作り出すものだけでなく、示す概念も芸術だと証明しました。

ハリー：　⑳例えば、便器にサインをして芸術と呼ぶとかね。㉑マルセル・デュシャンでしたっけ？

教授：　㉒そう。㉓彼はその作品を「レディ・メイド」と呼んだ。㉔そして、当時これはまったく新しい発想だったわけ。㉕彼はギャラリーで展示しようとしたけれど、ギャラリー側は嫌悪感が大きくて拒否したの。㉖現在では、これは現代美術の最も重要な作品の1つとなっているわ、オリジナルは失われてしまったのだけれども。

ケリー：　㉗では、ダダが反対運動だったとしたら、シュールレアリスムは何だったのでしょう？

教授　：㉘ そうね、あなたの意見を聞きましょう。

ケリー：㉙ 私の理解では、すべて夢を描くことに関わっています。㉚ そこが分からないんですけど──ダダとは違うように思えます。㉛ なぜそれらを一緒に学んでいるのでしょうか？

教授　：㉜ でも、そんなに違う？㉝ この２つの動きを一緒に学んでいる主な理由は、シュールレアリスムがダダのすぐ後に起こったから。㉞ ダダの芸術家の何人かはシュールレアリスムに移ったりもした。㉟ けれど、シュールレアリスムは単に夢を描いたものではないの。㊱ シュールレアリストの芸術家たちは心の隠れた部分に手を伸ばしたかった。㊲ 夢もその一部だと信じていたから、奇妙な夢のようなものを描いたり彫刻したりすることが典型的だったわけ。

ハリー：㊳ どちらも少し奇妙で、無意味さの傾向がかなりあるように思います。

教授　：㊴ その通り。㊵ でもシュールレアリスムの場合、より目的のある無意味ね。㊶ 根本的には、ダダは芸術の壁を壊したけれど、それはかなり否定的な運動だった。㊷ それに対してシュールレアリスムは、ダダが確立した新しい発想を取り入れて、人間性を加え、反社会性を減らした、というわけね。

 Comment from Kimutatsu

「なぜ〜したのか」という設問は、文脈を丁寧に追わないと答えを出せない典型的な問題。１語ずつ、あるいは１文ずつの理解だけでなく、常に全体の流れを追いながら、「これは何のために述べられているのだろう？」という意識を持って聞くことを心がけよう。また、学術的な内容を扱った問題は、予備知識があると有利に思えるかもしれないけど、あくまで「聞き取りの力」を試すテストであることを忘れずに。答えはすべて「話されていること」を根拠に選ぶことができる。

これから放送するのは、新たに発見された恐竜（Austroraptor cabazai）の化石についてのニュースである。これを聞き、(1)～(5)の問いに対して、それぞれ最も適切な答えを1つ選べ。

(1) When did the newfound dinosaur inhabit the area which would be today Argentina?

a) 7 million years ago.

b) 17 million years ago.

c) 70 million years ago.

d) 170 million years ago.

e) 700 million years ago.

(2) The speaker says the skeleton of the new dinosaur was incomplete

a) and paleontologists are still searching for the rest.

b) and there is no way to guess at its physical features.

c) but had a fish-like bone structure.

d) but another skeleton was found later near the site to complete it.

e) but could be inferred by the scientists by using the skeletons of its relatives.

(3) Which of the following is NOT mentioned as a feature of Austroraptor cabazai?

a) They fed on animals.

b) They had pointed teeth.

c) They had strong claws.

d) They walked on two legs.

e) They were taller than 6.5 meters.

(4) The Austroraptor differs from its relatives in

a) the length of its head and arms.
b) its flying ability.
c) the number of its teeth.
d) the kinds of animals it fed on.
e) the way it formed communities.

(5) The speaker says the Austroraptor provides a picture about

a) the evolution of flying dinosaurs.
b) the extinction of dinosaurs 65 million years ago.
c) the migration of mammoths to Northern Siberia.
d) the variation among flesh-eating dinosaurs in South America.
e) the ancient environment inhabited by the first mammals.

いよいよ最後の問題です。放送
文の長さも本番レベルで、内容
も難しいけど、今までの問題を
しっかり復習していれば大丈夫。
頑張れ！

▶スクリプト　 25　

① **And now we would like to announce** (1)the unexpected discovery of an amazing giant flesh-eating dinosaur that roamed the plains and crossed the fish-filled rivers of what would be today the Patagonia region in Argentina, 70 million years ago. ② (2)Its incomplete skeleton **was extracted from rocks in the extreme southern reaches of Argentina and** (2)virtually reconstructed by scientists. ③ The scientists deduced the proportions of the missing fossil sections by comparing them with complete assembled specimens of its closest relatives. ④ **This new raptor, called Austroraptor cabazai, has the scientific community now rethinking the evolutionary paths of Southern Hemisphere raptors and such relatives as the velociraptors in the Northern Hemisphere.**

⑤ (3)With a body length of up to 6.5 meters, Austroraptor cabazai is one of the largest of the raptors, those slender, flesh-eating dinosaurs that walked, and chased prey, on two legs. ⑥ **Indeed, the greatly superior weight and size of this giant meant it was able to prey on much larger animals than its northern relatives.** ⑦ (3)This monster, armed with strong claws, must truly have been a brutal killer that frightened the beasts on which it fed.

⑧ **Besides the unexpected size, what also holds the attention of the scientific community in terms of evolutionary possibilities are the longer heads of this southern raptor, some up to 1 meter in length.** ⑨ (4)Unlike its northern relatives, which had shorter heads with mouths filled with strong knife-like teeth, (4)Austroraptors had unusually long skulls, **shaped much like those of those flying reptiles, the pterodactyls, and** (3)mouths with small pointed teeth. ⑩ (4)Also unusual were its short arms, **the first ever found in a raptor, according to paleontologist Fernando Novas, who with his colleagues worked on the reconstruction of the Austroraptor's skeleton.** ⑪ These short arms, of course, rule out any possibility that it could even have attempted to fly and show that there was no direct evolutionary relationship with pterodactyls or other bird-like dinosaurs. ⑫ Though indeed a raptor, the extreme size, long skull shape, and short arms definitely distinguish this animal from its relatives elsewhere, which collectively are surprising scientists with their diversity.

⑬ Also of interest, at a time when their northern relatives had become extinct, the huge southern raptors were thriving in South America alongside much smaller relatives that undoubtedly could fly. ⑭ (5)The new evidence provided by the Austroraptor find helps provide us with a picture of the diversity of the flesh-eating dinosaurs that once inhabited that southern continent. ⑮ It also helps clarify the evolutionary history of all raptors and gives us a clearer picture of what life must once have been like on the earth before the arrival of that comet, 65 million years ago, that brought about the massive extinction of dinosaurs, changing evolutionary history on this planet by allowing mammals themselves to flourish and diversify.

⑯ Now, we are going to take a break for commercials. ⑰ Our next news topic is about the amazing discovery of the near-perfect frozen remains of a herd of mammoths that lived 12,000 years ago on the tundra of northern Siberia.

---

①unexpected：思いも寄らない　flesh-eating：肉食の　roam：～を歩き回る　②extract：～を採取する　reconstruct：～を復元する　③deduce：～を推定する　proportion：割合　assemble：～を組み立てる　specimen：標本　④raptor：ラプトル類の恐竜（肉食恐竜）　evolutionary：進化の　hemisphere：半球　⑤prey：獲物　⑥（⑥の prey は動詞で「捕食する」）　⑧in terms of ～：～に関して　⑨skull：頭蓋骨　pointed：とがった　⑩paleontologist：古生物学者　⑫distinguish：～を区別する　collectively：集団で　diversity：多様性　⑬thrive：栄える　⑮comet：彗星　massive：大規模な　extinction：絶滅　flourish：栄える　diversify：多様化する　⑰herd：群れ　tundra：ツンドラ

▶解答・解説

(1) When did the newfound dinosaur inhabit the area which would be today Argentina?

（新しく発見された恐竜が、現在のアルゼンチンであろう場所に生息していたのはいつか）

a) 7 million years ago.（700万年前）

b) 17 million years ago.（1700万年前）

c) 70 million years ago.（7000万年前）

d) 170 million years ago.（1億7000万年前）

e) 700 million years ago.（7億年前）

解説　指示文から、newfound dinosaur（新しく発見された恐竜）はこのニュース全体のテーマだということが分かっているので、生息に関連した表現と Argentina に集中しよう。① にその情報が登場する。Argentina の直後に数字が出てくるので、落ち着いて聞こう。

(2) The speaker says the skeleton of the new dinosaur was incomplete

（話者が言うには、新発見の恐竜の骨格は不完全だった、＿＿＿）

a) and paleontologists are still searching for the rest.

（そして、古生物学者はいまだに残りを探している）

b) and there is no way to guess at its physical features.

（そのため、その恐竜の肉体的な特徴を推し量る手段がない）

c) but had a fish-like bone structure.

（しかし、魚のような骨格をしていた）

d) but another skeleton was found later near the site to complete it.
（しかし、それを完全にするほかの骨格が、後に近くの場所で見つかった）

e) but could be inferred by the scientists by using the skeletons of its relatives.
（しかし、科学者たちがその恐竜の親類の骨格を使うことによって推測することができた）

解説 skeleton（骨格）と incomplete（不完全な）をキーワードとして聞いていこう。(1) で聞いた文の直後、② の冒頭に Its incomplete skeleton という言葉が出てくる。続く部分を追うと、③ で、欠けていた部分は its closest relatives の標本を基に再現されたと述べられているので、e) が正解。a) 〜 d) については触れられていない。

(3) Which of the following is NOT mentioned as a feature of Austroraptor cabazai?
（アウストロラプトル・カバザイの特徴として言及されていないのは、次のうちどれか）

a) They fed on animals.（動物を食べていた）
b) They had pointed teeth.（とがった歯を持っていた）
c) They had strong claws.（強い爪を持っていた）
d) They walked on two legs.（2本足で歩いていた）
e) They were taller than 6.5 meters.（6.5メートルを超える背の高さだった）

解説 Austroraptor cabazai の身体的な特徴を説明している部分に注意しよう。⑤ 以降で述べられている。肉食であることはニュース冒頭から出てくるが、⑤ や ⑦ でも繰り返されている。また、2足歩行や強い爪についても、⑤ ⑦ にそれぞれ言及がある。とがった歯については ⑨ の文末で触れられている。⑤ の冒頭で e) に似たことが述べられているが、up to 6.5 meters（最大6.5メートル）であり内容が食い違うので、e) を選ぶ。

(4) The Austroraptor differs from its relatives in
（アウストロラプトルは、親類とは＿＿の点で異なる）

a) the length of its head and arms.（頭と腕の長さ）
b) its flying ability.（飛行能力）
c) the number of its teeth.（歯の数）
d) the kinds of animals it fed on.（食べていた動物の種類）
e) the way it formed communities.（群れを作っていた方法）

解説 relatives をキーワードに聞き進め、⑨ の Unlike its northern relatives（北半球の親類と異なり）をキャッチしよう。⑨ の半ばあたりで unusually long skulls が挙げられ、⑩ の冒頭で Also unusual were its short arms と述べられており、a) が当てはまる。これらの身体的特徴については、⑫ でも繰り返されており、確認できる。なお、a) の length は「長いこと」を意味するのではなく、「長さ」つまり「丈、寸法」を指すことに注意。

(5) The speaker says the Austroraptor provides a picture **about**

（話者が言うには、アウストロラプトルは＿＿についてのイメージを提供してくれる）

a) the evolution of flying dinosaurs.

（翼竜の進化）

b) the extinction of dinosaurs 65 million years ago.

（6500年前の恐竜の絶滅）

c) the migration of mammoths to Northern Siberia.

（北シベリアへのマンモスの移住）

d) the variation among flesh-eating dinosaurs in South America.

（南アメリカの肉食恐竜の多様性）

e) the ancient environment inhabited by the first mammals.

（最初の哺乳動物たちが生息していた太古の環境）

解説 Austroraptor と provide を待ち構えて聞いていこう。⑭ で述べられていることが d) に当てはまるので、これが正解。picture は「様相」「イメージ」といった意味で、provide us with a picture of ～は「～についてのイメージを私たちに提供する」、つまり「それのおかげで私たちは～について把握できる」ということを表す。

聞き取りのポイントをチェックしよう

Structure 構造

全体的に長く複雑な文が多用されている。カンマで挟まれた挿入部分も多いが、音声ではしばしば、間やイントネーションを手掛かりにそれらに気付くことができる。音声を聞きながらスクリプトを読むことを繰り返し、複雑な文の聞き取りに慣れておこう。

Sense 意味

⑦ の arm は「～を武装させる」という意味の動詞で、armed with ～で「～で武装した」を表す。その後登場する arm はすべて「腕」という意味の名詞。⑪ rule out ～は「～を考慮から外す」の意。

Sound 発音

① の we would like to announce ～ や ⑯ の we are going to take a break は番組の司会者がよく使う表現で、強弱のリズムを付けて滑らかに発音される。自分でもまねて発音してみると、特徴をつかみやすくなる。⑫ ⑭ の diversity は「ダイバーシティ」という日本語としても定着してきているが、アメリカ英語では /divə́ːrsəti/ という発音になることが多い。⑰ tundra /tʌ́ndrə/ や Siberia /saibíəriə/ の日本語との発音の違いに注意。

▶訳

①さて私たちは、7000万年前に、今日ではアルゼンチンのパタゴニアであろう場所の平原を歩き回り、魚が豊富に住む川を渡っていた、驚くほど巨大な肉食恐竜を予期せず発見したことを報告したいと思います。②その不完全な骨格は、アルゼンチンの最も南の地域の岩の中から発掘され、科学者たちによってほとんど復元されました。③科学者たちは、それらを最も近い親類（種）の完全に組み立てられた骨格標本と比較することで、発見されていない化石の部分の割合を推論で導き出したのです。④新しいこのラプトル類の恐竜は、アウストロラプトル・カバザイと呼ばれていますが、この恐竜のおかげで科学界は今、南半球のラプトル類や、北半球のヴェロキラプトルのような親類の進化の経路について再考しています。⑤体長が最大で6.5メートルもあるアウストロラプトル・カバザイは、ラプトル類の中では最大の種類の1つであり、2本足で歩き、獲物を追う細身の肉食恐竜です。⑥実際、はるかに大きな体重と全長をもつこの巨体は、北半球で発見された親類よりもはるかに大きな動物を捕食することが可能だったことを意味しています。⑦この怪物は、強い爪で武装し、自分が餌として食べた獣たちを恐れさせた、残忍な殺し屋だったに違いありません。

⑧その予期せぬ大きさに加え、進化の可能性に関して科学界の関心を引いたのは、この南半球のラプトル類の、あるものは1メートルにも及ぶ長い頭です。⑨より短い頭と強いナイフのような歯がぎっしり並んだ口を持つ北半球の親類とは異なり、アウストロラプトルは、翼竜のプテロダクティルスの頭にとてもよく似た異常に長い頭蓋骨と、小さなとがった歯が並んだ口をしていました。⑩同様に変わっているのはその短い腕で、仲間とともにアウストロラプトルの骨格の復元に携わった古生物学者のフェルナンド・ノヴァスさんによると、ラプトル類の中で（こんなに短いものは）初めて発見されたとのことです。⑪この短い腕ではもちろん、アウストロラプトルが一度でも飛ぼうとしたかもしれないという可能性は完全に否定され、プテロダクティルスやそのほかの鳥に似た恐竜との進化上の直接的な関係はまったくなかったことが示されます。⑫それでも本当に、非常に大きなサイズ、長い頭蓋骨の形、そして短い腕のラプトル類であるということは、この動物をほかの場所の親類とは完全に区別し、その集団としての多様性に科学者たちは驚かされています。

⑬同様に興味深いのは、北半球の親類が絶滅した頃、南半球の巨大なラプトルたちは、間違いなく飛ぶことができたはるかに小さな親類とともに、南アメリカで栄えていたということです。⑭アウストロラプトルの発見が与えてくれた新しい証拠は、かつてその南の大陸に生息していた肉食恐竜たちの多様性のイメージを私たちに与えるのに役立っています。⑮それはまた、すべてのラプトル類の恐竜の進化の歴史をより明確にするのに役立ち、6500万年前にあの彗星がやってきて、それによって恐竜が大量に絶滅し、おかげで哺乳動物たちが繁栄と多様性を得られることになってこの惑星の進化の歴史を変える前の、地球の生命の様子がかつてどのようなものだったかということについて、より鮮明なイメージを私たちに与えてくれます。

⑯さて、ここでコマーシャルの時間を挟みます。⑰私たちの次の新しい話題は、12000年前にシベリア北部のツンドラ地帯で暮らしていたマンモスの群れの凍った死骸が、ほとんど完全な状態で残っていたという驚くべき発見についてです。

Comment from Kimutatsu

最後までよく頑張ったね。最後のテストは放送文の語数も本番レベル。内容や文構造はむしろ本番より難しいかもしれん。この本の問題から吸収できることはまだまだたくさんあります。しつこいようやけど、繰り返し音声を聞き、音読をはじめとするトレーニングをしてほしい。実際にやってみれば僕の言う意味が分かるはずや。あとは、連続して3セットの長文リスニング問題を解けるようになることを目指すのみ。次は、赤い表紙の『新 キムタツの東大英語リスニング』で会おう！

木村達哉
KIMURA, Tatsuya

西大和学園中学校・高等学校で10年間、灘中学校・高等学校で23年間教えた後、2021年4月より本格的に作家としての道を歩む。また、執筆活動に加え、全国の中学校・高等学校での講演や英語の先生向け勉強会の開催など、教育活動に精力的に取り組んでいる。『新ユメタン』『東大英語』シリーズ（いずれもアルク）ほか、著書多数。

書名	新 キムタツの東大英語リスニング Basic
発行日	2021年12月16日（初版） 2024年4月25日（第5刷）
監修・執筆	木村達哉
協力	チームキムタツ
編集	株式会社アルク 文教編集部
英文作成協力	Peter Branscombe、Harry Harris、Owen Schaefer、Margaret Stalker、Steve Ziolkowski、Joel Weinberg
翻訳	江口佳実、挙市玲子
校正	Peter Branscombe、Margaret Stalker、渡邉真理子
アートディレクション	細山田 光宣
デザイン	小野安世（細山田デザイン事務所）
イラスト	師岡とおる
ナレーション	Katie Adler、Sarah Greaves、Emma Howard、Jack Merluzzi、StuartO、Guy Perryman、Michael Rhys、Julia Yermakov
録音・編集	株式会社メディアスタイリスト
DTP	株式会社 秀文社
印刷・製本	日経印刷株式会社
発行者	天野智之
発行所	株式会社 アルク 〒141-0001　東京都品川区北品川6-7-29 ガーデンシティ品川御殿山 Website：https://www.alc.co.jp/ 学校での一括採用に関するお問い合わせ：koukou@alc.co.jp（アルクサポートセンター）

・落丁本、乱丁本は弊社にてお取り替えいたしております。Webお問い合わせフォームにてご連絡ください。https://www.alc.co.jp/inquiry/
・製品サポート：https://www.alc.co.jp/usersupport/

地球人ネットワークを創る

アルクのシンボル「地球人マーク」です。